힘들 때
소망을 주는
5분 묵상

The 5-Minute Bible Study for Difficult Times
by Ellyn Sanna

Copyright © 2019 by Barbour Publishing, Inc.
Originally published in English under the title *The 5-Minute Bible Study for Difficult Times*
published by Barbour Publishing, Inc., 1810 Barbour Drive, Uhrichsville OH 44683, USA.
All rights reserved.

This Korean Edition published by Word of Life Press, Seoul 2022
Translated and published by permission.
Printed in Korea.

힘들 때 소망을 주는
5분 묵상

ⓒ 생명의말씀사 2022

2022년 4월 28일 1판 1쇄 발행

펴낸이 I 김창영
펴낸곳 I 생명의말씀사

등록 I 1962. 1. 10. No.300-1962-1
주소 I 서울시 종로구 경희궁1길 6 (03176)
전화 I 02)738-6555(본사) · 02)3159-7979(영업)
팩스 I 02)739-3824(본사) · 080-022-8585(영업)

기획편집 I 정설아
디자인 I 박소정, 조현진
인쇄 I 예원프린팅
제본 I 다온바인텍

ISBN 978-89-04-16796-8 (03230)

저작권자의 허락 없이 이 책의 일부 또는 전체를
무단 복제, 전재, 발췌하면 저작권법에 의해 처벌을 받습니다.

힘들 때
소망을 주는
5분 묵상

엘린 산나 지음
이선숙 옮김

생명의말씀사

The 5-Minute Bible Study for Difficult Times

날마다 하나님의 말씀을 묵상하며
소망 가득한 삶을
살아가기를 바랍니다.

들어가는 글

규칙적으로 성경을 읽기란 바쁜 일상에서 쉬운 일이 아닙니다. 매일 성경을 읽어야겠다고 결심하고 결연한 마음으로 시작하지만, 곧 다른 일들에 파묻혀 하나님의 말씀을 읽는 시간은 급속도로 짧아지고 맙니다. 30분, 15분…. 그러다 결국 죄책감에 빠져 아예 읽으려는 생각조차 하지 못하게 됩니다. 하지만 하나님은 반드시 몇 분 이상은 성경을 읽어야 한다고 요구하신 적이 없습니다. 하나님은 우리가 일상에서 많은 일을 해야 한다는 것을 이해하십니다. 그러기에 하나님은 우리를 벌주고 싶어 하지 않으십니다. 오히려 우리를 돕고 싶어 하십니다!

이 책은 하나님과 규칙적으로 함께하는 시간을 갖도록 도울 것입니다. 하나님의 말씀을 읽고 기도로 그분께 응답하는 데 5분이면 됩니다. 이 책을 활용하는 방법은 다음과 같습니다.

- 1-2분 : **말씀 읽기** _ 성경 말씀을 주의 깊게 읽으십시오. 시간이 없다면 주제 말씀에 집중하십시오.
- 3분 : **생각 열기** _ 성경 말씀을 삶에 적용하도록 돕는 글과 질문을 곰곰이 생각해 보십시오. 그리고 하루 동안 시간이 날 때마다(운전을 한다든지, 식료품점에서 줄을 선다든지, 아무 생각 없이 할 수 있는 일을 할 때) 이 내용들을 떠올려 더 깊이 묵상해 보십시오.

- 4분 : **묵상** _ 본문 말씀을 바탕으로 쓰인 묵상 글을 읽으십시오. 배울 점이 무엇인지, 성경의 진리를 삶에 어떻게 적용할지 생각해 보십시오.
- 5분 : **기도** _ 기도문을 읽으며 하나님과 대화를 시작하십시오. 마음을 하나님께 말씀드리는 시간을 꼭 가지십시오.

이 책은 누구나 겪을 수 있는 여러 가지 힘든 상황과 환경에 관해 다루고 있습니다. 그러니 꼭 순서대로 읽을 필요는 없습니다. 순간순간 느끼는 어려움에 해당하는 페이지를 골라 읽으면 됩니다.

하루 일과가 시작되기 전인 이른 아침 시간도 좋고, 하루를 마치고 잠자리에 들기 전 시간도 좋으니 하나님의 말씀이 삶에 들어올 수 있는 시간을 반드시 확보하십시오. 단 5분이라도 그 시간이 얼마나 큰 변화를 만들어 내는지 경험하면 깜짝 놀라게 될 것입니다!

차례

들어가는 글   06

01 무엇을 기도해야 할지 모르겠습니다   14
02 책임감에 짓눌립니다   16
03 삶이 너무 따분합니다   18
04 현재 상황에서 벗어날 수가 없습니다   20
05 너무 화가 납니다   22
06 화를 내서 죄책감을 느낍니다   24
07 카드값이 걱정입니다   26
08 자녀가 걱정됩니다   28
09 잠을 잘 수가 없습니다   30
10 갈등을 해결할 수가 없습니다   32
11 계속 눈물이 납니다   34
12 집중할 수가 없습니다   36
13 아픈 데 진저리가 납니다   38
14 불안한 상상이 멈추지 않습니다   40
15 제가 한 일이 부끄럽습니다   42

The 5-Minute Bible Study for Difficult Times

16 감정이 통제가 안 됩니다 44

17 너무 실망스럽습니다 46

18 하나님이 계신다는 사실을 의심하게 됩니다 48

19 배신당한 기분입니다 50

20 거짓말을 해서 후회됩니다 52

21 시기하는 마음이 듭니다 54

22 의심이 가득합니다 56

23 부모님이 걱정스럽습니다 58

24 죽음이 두렵습니다 60

25 제가 너무 부족한 것 같습니다 62

26 혼자 있는 시간이 필요합니다 64

27 제가 어리석다고 느껴집니다 66

28 스트레스를 감당할 수 없습니다 68

29 완전히 지쳤습니다 70

30 무력감을 느낍니다 72

31 소망이 없습니다   74

32 자녀 때문에 화가 납니다   76

33 가족 때문에 화가 납니다   78

34 배우자 때문에 화가 납니다   80

35 삶이 너무 버겁습니다   82

36 감정이 상했습니다   84

37 미래가 두렵습니다   86

38 저를 이해해 주는 사람이 있었으면 좋겠습니다   88

39 다른 사람의 잘못을 도저히 용서할 수가 없습니다   90

40 너무 연약해서 감당할 수가 없습니다   92

41 불안합니다   94

42 외롭습니다   96

43 좌절했습니다   98

44 제 모습이 참 싫습니다   100

45 살을 빼고 싶습니다   102

The 5-Minute Bible Study for Difficult Times

46 어색한 기분이 너무 싫습니다 104
47 사랑이 식었습니다 106
48 너무 혼란스럽습니다 108
49 더는 버틸 수가 없습니다 110
50 너무 샘이 납니다 112
51 이 상황이 너무 무섭습니다 114
52 고향이 그립습니다 116
53 거부당한 기분입니다 118
54 친구가 눈에 거슬립니다 120
55 저는 겁쟁이입니다 122
56 비난을 참을 수 없습니다 124
57 증오 때문에 괴롭습니다 126
58 겸손해지고 싶습니다 128
59 쓰라린 후회에 빠져 있습니다 130
60 충동적으로 행동합니다 132

61 마음이 상했습니다   134

62 두려움에 심장이 두근거립니다   136

63 마음이 복잡합니다   138

64 공포가 느껴집니다   140

65 길을 잃었습니다   142

66 육체적인 고통 때문에 비참합니다   144

67 감정을 주체할 수 없습니다   146

68 이 비밀 때문에 죽을 것 같습니다   148

69 자신감이 부족합니다   150

70 자기비판을 심하게 합니다   152

71 자해 충동을 느낍니다   154

72 과거가 저를 짓누릅니다   156

73 왜 저는 스스로를 망가뜨릴까요   158

74 돈을 더 갖고 싶습니다   160

75 제가 이기적이라는 걸 압니다   162

76 제 뜻대로 하고 싶습니다   164

The 5-Minute Bible Study for Difficult Times

77 자살을 생각하고 있습니다 166

78 수줍음을 탑니다 168

79 누군가에게 서운합니다 170

80 건강한 경계를 세우는 법을 모르겠습니다 172

81 도망치고 싶습니다 174

82 모든 게 말이 안 됩니다 176

83 머리 위에 구름이 낀 것처럼 우울합니다 178

84 하나님이 제 기도를 들으시는지 잘 모르겠습니다 180

85 이 나쁜 습관을 끊을 수가 없습니다 182

86 부끄럽습니다 184

87 포기하고 싶습니다 186

88 생각을 통제할 수가 없습니다 188

89 결혼 생활이 힘들어서 두렵습니다 190

90 어느 길로 가야 할지 모르겠습니다 192

91 하나님을 신뢰하기가 두렵습니다 194

92 하나님의 사랑을 확신하고 싶습니다 196

01

무엇을 기도해야 할지 모르겠습니다

말씀 | 로마서 8:22-28

22 피조물이 다 이제까지 함께 탄식하며 함께 고통을 겪고 있는 것을 우리가 아느니라 23 그뿐 아니라 또한 우리 곧 성령의 처음 익은 열매를 받은 우리까지도 속으로 탄식하여 양자 될 것 곧 우리 몸의 속량을 기다리느니라 24 우리가 소망으로 구원을 얻었으매 보이는 소망이 소망이 아니니 보는 것을 누가 바라리요 25 만일 우리가 보지 못하는 것을 바라면 참음으로 기다릴지니라 26 이와 같이 성령도 우리의 연약함을 도우시나니 우리는 마땅히 기도할 바를 알지 못하나 오직 성령이 말할 수 없는 탄식으로 우리를 위하여 친히 간구하시느니라 27 마음을 살피시는 이가 성령의 생각을 아시나니 이는 성령이 하나님의 뜻대로 성도를 위하여 간구하심이니라 28 우리가 알거니와 하나님을 사랑하는 자 곧 그의 뜻대로 부르심을 입은 자들에게는 모든 것이 합력하여 선을 이루느니라

- **주제 말씀** 우리는 마땅히 기도할 바를 알지 못하나 오직 성령이 말할 수 없는 탄식으로 우리를 위하여 친히 간구하시느니라(로마서 8:26).

- **생각 열기**
  - "말할 수 없는 탄식"이란 구절이 어떻게 다가옵니까? 어떻게 기도해야 할지 혹은 무엇을 기도해야 할지 모를 때 느끼는 감정을 잘 표현하는 것 같습니까?
  - 오늘 성경 말씀에서는 성령의 중보 기도와 무언가 새로운 것의 탄생을 기다리는 모든 피조물의 상태를 "탄식"이라는 단어로 표현합니다. 이것이 함축하는 바가 무엇이라고 생각합니까?

- **묵상** 아이를 낳을 때는 말을 조리 있게 하기 어렵습니다. 분만의 과정이 엄청나게 힘들기 때문입니다. 아이를 낳는 여성은 새로운 생명을 세상 밖으로 탄생시키는 이 놀라운 일에 정신적, 감

정적, 육체적 힘을 모두 집중할 수밖에 없습니다.

바울은 로마서의 이 구절에서 우리의 현 상태를 아기를 낳는 극적인 과정에 비유했습니다. 여성이 출산의 과정을 마음대로 통제할 수 없듯이 우리도 우리 환경을 통제할 수 없습니다. 이런 점에서, 우리는 무엇을 기도해야 할지 꼭 알아야 하는 것은 아닙니다. 우리는 무슨 일이 일어나야 할지 하나님께 말씀드릴 수 없으며, 하나님도 우리에게 그런 말을 들으실 필요가 없습니다. 대신 우리는 성령님께 그저 복종할 수 있을 뿐입니다. 이 과정에서 하나님이 우리와 함께하십니다. 성령님은 우리의 고통을 함께 느끼시고, 우리 안에서 기도하시며, 우리 마음과 우리 주변 세상을 다스리십니다.

● 기도

생명을 주시는 살아 계신 주님, 어떻게 기도해야 할지, 무엇을 기도해야 할지 모르겠습니다. 그러니 저를 통해 기도해 주시기를 간구합니다. 주님의 영에 저를 맡깁니다. 제 안에서 역사하소서.

02

책임감에 짓눌립니다

말씀 | 고린도후서 1:8-10
8 형제들아 우리가 아시아에서 당한 환난을 너희가 모르기를 원하지 아니하노니 힘에 겹도록 심한 고난을 당하여 살 소망까지 끊어지고 9 우리는 우리 자신이 사형 선고를 받은 줄 알았으니 이는 우리로 자기를 의지하지 말고 오직 죽은 자를 다시 살리시는 하나님만 의지하게 하심이라 10 그가 이같이 큰 사망에서 우리를 건지셨고 또 건지실 것이며 이후에도 건지시기를 그에게 바라노라

● 주제 말씀   힘에 겹도록 심한 고난을 당하여 살 소망까지 끊어지고 우리는 우리 자신이 사형 선고를 받은 줄 알았으니 이는 우리로 자기를 의지하지 말고 오직 죽은 자를 다시 살리시는 하나님만 의지하게 하심이라(고린도후서 1:8-9).

● 생각 열기   • 위대한 믿음의 영웅인 사도 바울도 자신이 감당할 수 없는 삶의 무게를 느낄 때가 있었습니다.
• 바울이 지적했듯이, 하나님은 죽은 자를 살리실 수 있습니다. 그렇다면 하나님은 우리 일상에서 요구되는 일들도 분명 해결해 주실 수 있습니다!

● 묵상   사도 바울이 하나님을 섬기면서 겪은 모든 일을 우리도 겪는 것은 아닙니다. 하지만 우리 삶도 버거울 때가 있습니다. 해야 할 일은 점점 늘어 가고, 아무리 노력해도 다 감당할 수 없을 때가 있습니다. 바울처럼 그 중압감에 살 소망까지 끊어졌다고 생각할 정도는 아니지만, 그래도 낙담이 되고, 소망을 잃고, 용기를 잃기도 합니다. 때로는 우리에게 이런 요구를 한

사람들을 탓하기도 하고, 더 잘 해내지 못하는 자신을 원망하기도 합니다.

하지만 바울은 이런 문제에 대한 해결책이 있다고 말합니다. 바로 우리 힘으로 하려는 노력을 멈추는 것입니다! 날마다 모든 일을 하나님 손에 맡기십시오. 하나님이 우리를 통해 그 일들을 이루어 가실 것입니다. 다 끝내지 못한 일도 하나님이 해결하시리라 신뢰할 수 있습니다.

● 기도

하나님, 제가 얼마나 바쁜지 아시지요. 모든 일을 해내려고 애쓰다 완전히 지쳐 버렸습니다. 얼마나 더 이렇게 계속할 수 있을지 모르겠습니다. 그래서 하나님께 이 모든 것을 맡깁니다. 저를 통해 필요한 일들을 이루소서. 그래도 다 하지 못한 일이 있다면 그것도 하나님 손에 맡기겠습니다.

03

삶이 너무 따분합니다

말씀 | 에베소서 3:14-21

14 이러므로 내가 하늘과 땅에 있는 각 족속에게 15 이름을 주신 아버지 앞에 무릎을 꿇고 비노니 16 그의 영광의 풍성함을 따라 그의 성령으로 말미암아 너희 속사람을 능력으로 강건하게 하시오며 17 믿음으로 말미암아 그리스도께서 너희 마음에 계시게 하시옵고 너희가 사랑 가운데서 뿌리가 박히고 터가 굳어져서 18 능히 모든 성도와 함께 지식에 넘치는 그리스도의 사랑을 알고 19 그 너비와 길이와 높이와 깊이가 어떠함을 깨달아 하나님의 모든 충만하신 것으로 너희에게 충만하게 하시기를 구하노라 20 우리 가운데서 역사하시는 능력대로 우리가 구하거나 생각하는 모든 것에 더 넘치도록 능히 하실 이에게 21 교회 안에서와 그리스도 예수 안에서 영광이 대대로 영원무궁하기를 원하노라 아멘

- **주제 말씀** 너희가 사랑 가운데서 뿌리가 박히고 터가 굳어져서 능히 모든 성도와 함께 지식에 넘치는 그리스도의 사랑을 알고 그 너비와 길이와 높이와 깊이가 어떠함을 깨달아 하나님의 모든 충만하신 것으로 너희에게 충만하게 하시기를 구하노라(에베소서 3:17-19).

- **생각 열기**
  - "지식에 넘치는 사랑", 즉 지식을 초월하는 사랑을 베풀 수 있을 것 같습니까?
  - 삶이 따분하게 느껴진다면 자신에게 이렇게 질문해 보십시오. "나는 사랑 안에 뿌리를 내리고 굳게 서 있는가? 그렇지 않다면 나는 지금 어디에 서 있는가?"

- **묵상** 우리 하나님은 지식을 초월하는 사랑을 베푸시는 분입니다. 하나님은 관대한 손으로 "하늘과 땅에 있는 각 족속에게 이름을 주신"(14-15절) 분입니다. 하나님의 창조 세계를 생각해 보

The 5-Minute Bible Study for Difficult Times

십시오. 아메바부터 고래까지, 아프리카 사바나에서부터 꽁꽁 얼어붙은 극지방까지, 생명이 가득한 호수와 강과 바다에서부터 복잡다단한 인간사에 이르기까지 얼마나 광대합니까! 우리는 너무나 다양한 모습의 한없이 아름다운 세상에서 살고 있습니다. 이곳에서 모든 피조물은 창조주 하나님의 사랑을 나타내며 그분의 솜씨를 뽐내고 있습니다.

그러나 이렇게 놀라운 풍요로움 속에서 우리는 여전히 따분함을 느낍니다. 우리 눈은 더 이상 세상의 경이로움을 보지 못합니다. 더 이상 어린아이처럼 호기심과 기쁨으로 세상을 보지 못합니다. 에베소서의 저자 바울은 이렇게 무뎌진 우리에게 사랑 안에 굳게 서는 새로운 관점을 찾으라고 말합니다.

● 기도

하늘에 계신 친구 되시는 주님, 제게 호기심과 기쁨 가득한 눈과 귀를 회복시켜 주셔서 따분해 보이는 삶 속에서도 주님이 만드신 이 세상이 얼마나 경이롭고 신비하고 아름다운지 깨닫게 하소서. 주님의 사랑 안에 뿌리를 내리고 주님이 원하시는 사람으로 성장하도록 도와주소서.

04

현재 상황에서 벗어날 수가 없습니다

말씀 | 시편 124편

1 이스라엘은 이제 말하기를 여호와께서 우리 편에 계시지 아니하셨더라면 우리가 어떻게 하였으랴 2 사람들이 우리를 치러 일어날 때에 여호와께서 우리 편에 계시지 아니하셨더라면 3 그때에 그들의 노여움이 우리에게 맹렬하여 우리를 산 채로 삼켰을 것이며 4 그때에 물이 우리를 휩쓸며 시내가 우리 영혼을 삼켰을 것이며 5 그때에 넘치는 물이 우리 영혼을 삼켰을 것이라 할 것이로다 6 우리를 내주어 그들의 이에 씹히지 아니하게 하신 여호와를 찬송할지로다 7 우리의 영혼이 사냥꾼의 올무에서 벗어난 새같이 되었나니 올무가 끊어지므로 우리가 벗어났도다 8 우리의 도움은 천지를 지으신 여호와의 이름에 있도다

- **주제 말씀** 우리의 영혼이 사냥꾼의 올무에서 벗어난 새같이 되었나니 올무가 끊어지므로 우리가 벗어났도다(시편 124:7).

- **생각 열기**
  - 갇혀 있다는 느낌은 현대 세계의 요구들 때문에 새로 생겨난 감정이 아닙니다. 수천 년 전 시편 기자도 올무에 걸린 것 같은 절박한 감정을 경험했습니다. 즉, 이 말은 그가 찾은 해결책을 오늘날 우리에게도 적용할 수 있다는 의미가 됩니다.
  - 오늘 당신의 삶에 이처럼 올무에 걸린 것 같은 상황이 있습니까?

- **묵상** 올무는 그 모양과 크기가 다 다릅니다. 직업이 올무가 되어, 거기에 시간과 에너지를 다 쏟아붓지만 마음은 채워지지 않을 수 있습니다. 건강하지 못한 관계가 올무가 되어, 시편 기자의 표현처럼 사람들이 "우리를 산 채로 삼키려"(3절) 하는 것처럼

The 5-Minute Bible Study for Difficult Times

느껴질 수도 있습니다. 자기 파괴적인 습관이 올무가 될 수도 있고, 질병이나 우울증, 부족한 자신감 등이 올무가 될 수도 있습니다.

그러나 우리가 어떤 올무에 걸렸든, 하나님이 벗어나게 해주실 수 있습니다. 하나님은 우리가 환경에 잠식되지 않도록 하실 것입니다. 하나님은 우리 편이십니다. 하나님은 하늘과 땅을 창조하신 창조주이시기에 우리를 자유롭게 할 모든 힘을 갖고 계십니다.

- 기도

하나님, 이 상황에서 벗어날 길이 보이지 않습니다. 하지만 하나님은 불가능한 일을 하실 수 있음을 압니다. 하나님이 모든 세상을 만드셨으니 제 삶에도 새로운 환경을 만들어 내실 줄로 믿습니다.

05

너무 화가 납니다

말씀 | 시편 4:1-5, 현대인의성경

1 나의 의가 되시는 하나님이시여, 내가 부를 때 응답하소서. 내가 곤경에 처했을 때 나를 구해 주신 주여, 나를 불쌍히 여기시고 내 기도를 들어주소서. 2 사람들아, 너희가 언제까지 나를 모욕하려느냐? 너희가 언제까지 헛된 일을 좋아하고 거짓된 것을 추구할 작정이냐? 3 너희는 기억하라. 여호와께서 자기를 위해 경건한 자들을 택하셨으니 내가 부르짖을 때 들어주실 것이다. 4 너희는 화가 난다고 죄를 짓지 말아라. 자리에 누워 조용히 생각하며 너희 마음을 살펴라. 5 여호와께 옳은 제사를 드리고 그를 신뢰하여라.

- **주제 말씀**   너희는 화가 난다고 죄를 짓지 말아라. 자리에 누워 조용히 생각하며 너희 마음을 살펴라(시편 4:4, 현대인의성경).

- **생각 열기**
  - 분노와 신뢰의 관계를 생각해 본 적이 있습니까? 분노가 신뢰에 영향을 미친다는 사실을 압니까? 혹은 반대로 신뢰가 분노에 영향을 미친다는 사실을 아는지요?
  - 성경은 분노 자체가 죄라고 말하지 않습니다. 대신 분노가 우리를 통제하면 길에서 벗어나게 된다고 말합니다.

- **묵상**   성경에서 "죄"로 번역된 히브리어와 헬라어 단어는 '과녁을 맞히는 데 실패하다'라는 의미를 지닙니다. 화살이 과녁을 크게 빗나간 상황과 같은 것입니다. 성경은 여러 곳에서 분노가 죄가 아니라고 분명히 말합니다. 대신 하나님의 영이 아닌 다른 어떤 것이 우리를 통제할 때, 우리는 길에서 벗어나게 되고 하나님과 그분의 사랑에 집중하지 못하게 된다고 말합니다. 화

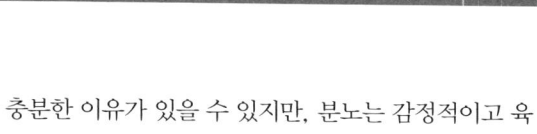

낼 만한 충분한 이유가 있을 수 있지만, 분노는 감정적이고 육체적인 폭력을 동반하여 우리 주변 사람들을 망가뜨릴 수 있음을 알아야 합니다.

오늘 성경 본문에서 시편 기자는 우리에게 실질적인 조언을 줍니다. 분노의 말을 하기 전에 잠자리에서 그 상황에 대해 생각해 보라는 것입니다. 순간적인 감정으로 반응하는 대신, 적절한 말과 행동이 무엇일지 신중하게 생각해야 합니다.

● **기도** 사랑이 많으신 주님, 지금 상황에 제가 얼마나 화가 나는지 아시지요. 제가 이 분노를 잘 다스려서 그것에 통제당하지 않도록 도와주소서. 주님의 영으로 저를 채워 주소서.

06

화를 내서 죄책감을 느낍니다

말씀 | 갈라디아서 5:13-24

13 형제들아 너희가 자유를 위하여 부르심을 입었으나 그러나 그 자유로 육체의 기회를 삼지 말고 오직 사랑으로 서로 종노릇하라 14 온 율법은 네 이웃 사랑하기를 네 자신같이 하라 하신 한 말씀에서 이루어졌나니 15 만일 서로 물고 먹으면 피차 멸망할까 조심하라 16 내가 이르노니 너희는 성령을 따라 행하라 그리하면 육체의 욕심을 이루지 아니하리라 17 육체의 소욕은 성령을 거스르고 성령은 육체를 거스르나니 이 둘이 서로 대적함으로 너희가 원하는 것을 하지 못하게 하려 함이니라 18 너희가 만일 성령의 인도하시는 바가 되면 율법 아래에 있지 아니하리라 19 육체의 일은 분명하니 곧 음행과 더러운 것과 호색과 20 우상 숭배와 주술과 원수 맺는 것과 분쟁과 시기와 분냄과 당 짓는 것과 분열함과 이단과 21 투기와 술 취함과 방탕함과 또 그와 같은 것들이라 전에 너희에게 경계한 것같이 경계하노니 이런 일을 하는 자들은 하나님의 나라를 유업으로 받지 못할 것이요 22 오직 성령의 열매는 사랑과 희락과 화평과 오래 참음과 자비와 양선과 충성과 23 온유와 절제니 이 같은 것을 금지할 법이 없느니라 24 그리스도 예수의 사람들은 육체와 함께 그 정욕과 탐심을 십자가에 못 박았느니라

- **주제 말씀**   오직 성령의 열매는 사랑과 희락과 화평과 오래 참음과 자비와 양선과 충성과 온유와 절제니 이 같은 것을 금지할 법이 없느니라(갈라디아서 5:22-23).

- **생각 열기**
  - 성경에서 "육체"라고 할 때 이것은 우리의 몸을 의미하는 것이 아니라, 인간 본성의 이기적이고 죄악 된 측면을 말합니다.
  - 가장 최근에 화를 냈던 때를 생각해 보십시오. 그때 무엇이 마음을 장악했습니까? 이기적인 욕망이었습니까, 아니면 하나님의 영이었습니까?

- 묵상

인간의 이기적인 본성은 언제나 자기 방법대로 하고 싶어 하고 그것이 충족되지 않으면 화를 내는 모습으로 드러납니다. 거기에 이어 증오, 다툼, 질투, 불화, 폭력 등 온갖 문제가 발생하기도 합니다. 우리는 예수님을 따르는 자들로서 우리의 이기적인 본성을 누르고 성령 안에서 새로운 삶을 살기로 선택할 수 있습니다.

그런데 이기적인 본성을 누르기란 쉽지 않습니다. 정말 쉽지 않습니다. 하지만 우리가 애써야 할 일입니다. 이 말은 우리 의지로 화를 다스려야 한다는 말이 아닙니다. 화를 내게 만드는 그 죄와 이기심을 뿌리째 뽑아 버려야 한다는 것입니다. 그러려면 성령이 우리를 채우시도록 해야 합니다. 성령이 우리를 채우시게 되면 굳이 좋은 사람이 되려고 애쓰지 않아도 됩니다. 왜냐하면 우리 삶은 새로운 열매, 즉 사랑과 희락과 화평과 오래 참음과 자비와 양선과 충성과 온유와 절제라는 열매를 저절로 맺게 될 것이기 때문입니다.

- 기도

예수님, 제 모든 죄와 이기심을 예수님의 십자가에 못 박길 원합니다. 예수님을 위해 날마다 죽을 수 있도록 용기를 주시고, 훈육하시고, 헌신하게 하셔서 예수님의 영이 제 삶에서 아름다운 열매들을 맺게 하소서.

07

카드값이 걱정입니다

말씀 | 빌립보서 4:6-7
6 아무것도 염려하지 말고 다만 모든 일에 기도와 간구로, 너희 구할 것을 감사함으로 하나님께 아뢰라 7 그리하면 모든 지각에 뛰어난 하나님의 평강이 그리스도 예수 안에서 너희 마음과 생각을 지키시리라

- **주제 말씀** 아무것도 염려하지 말고 다만 모든 일에 기도와 간구로, 너희 구할 것을 감사함으로 하나님께 아뢰라(빌립보서 4:6).

- **생각 열기**
  - 걱정하는 것과 기도하는 것은 정반대의 행동입니다.
  - 돈에 대해 걱정하는 마음이 들 때면, 의식적으로 걱정 대신 기도를 할 수 있겠습니까?

- **묵상** 걱정을 하면 아직 오지도 않은 미래를 암울하게 생각하게 됩니다. 사실 절대 그렇게 되지 않을 텐데 말입니다. 예를 들어, 카드값을 내지 못한다면 어떤 온갖 나쁜 일이 일어날지 상상해 봅니다. 그러다가 그 상황을 바꿀 수 없다고 느낍니다. 모든 것이 잘못될지 모른다는 생각에 빠져 버리기까지 합니다. 걱정에 사로잡혀 삶에 감사하지 못하게 되고 밤잠도 설치게 됩니다.
오늘 말씀에서 바울은 걱정 대신 다른 선택지가 있다고 말합니다. 모든 일에 기도와 간구로 바라는 것을 감사하는 마음으로 하나님께 말씀드리는 것입니다. 의식적으로 이렇게 하려고 애쓰면, 그리스도의 평강이 우리 마음에서 걱정을 몰아낸다는

사실을 알게 될 것입니다. 그러면 재정 문제를 해결할 새로운 해결책이 떠오를 수도 있습니다. 하나님은 우리 삶의 모든 영역을 주관하십니다. 하나님은 우리의 돈 문제 또한 도와주고 싶어 하십니다.

- **기도**   하나님, 제가 얼마나 돈 걱정을 하는지 아시지요. 이 걱정을 기도로 바꾸어 하나님께 나아가게 도와주소서. 걱정이 들 때면 마치 종이 울리듯 제 마음에 기도하라고 알려 주소서.

08

자녀가 걱정됩니다

말씀 | 창세기 22:15-18, 현대인의성경
15 여호와의 천사가 하늘에서 다시 아브라함을 불러 16 여호와의 말씀을 전하였다. "내가 내 이름으로 맹세하지만 네가 이처럼 하나밖에 없는 네 아들까지 아끼지 않았으므로 17 내가 너에게 한없는 복을 주어 네 후손을 하늘의 별과 바닷가의 모래알처럼 많게 하겠다. 네 후손들이 그 원수들을 정복할 것이다. 18 그리고 네가 나에게 순종하였으므로 네 후손을 통해 세상의 모든 민족이 복을 받을 것이다."

- **주제 말씀** 내가 너에게 한없는 복을 주어 네 후손을 하늘의 별과 바닷가의 모래알처럼 많게 하겠다(창세기 22:17, 현대인의성경).

- **생각 열기**
  - 자녀에 대해 지금 어떤 걱정을 하고 있습니까?
  - 자녀를 하나님의 사랑 넘치는 손에 맡긴다고 생각하면, 그 걱정은 어떻게 될 것 같습니까?

- **묵상** 만약 부모라면, 아무리 하나님의 뜻이라도 자녀를 기꺼이 제물로 바치려 했던 아브라함을 이해하기 어려울 수 있습니다. 이 구약 이야기의 요지는, 하나님은 우리가 모든 일을 그분께 맡기기를 원하신다는 것입니다. 하나님은 우리가 어떤 것도 뒤로 빼놓지 않길 바라십니다. 우리가 너무나 사랑하는 귀한 자녀일지라도 말입니다.
  우리는 매일 우리 자녀를 하나님의 보호 아래 내어드려야 합니다. 자녀의 나이에 따라 내어드려야 할 부분도 달라질 것입니다. 걸음마를 뗄 때는 붙잡았던 아이 손을 놓는 것일 수도

있고, 유치원에 가는 첫날에는 유치원 버스를 태워 보내며 작별 인사를 하는 것일 수도 있습니다. 학교에 다니기 시작할 때는 스스로 준비물을 챙기도록 하는 것일 수도 있습니다. 하지만 삶의 이 모든 단계에서 우리는 하나님이 우리 자녀를 축복하신다는 사실을 확신할 수 있습니다!

● 기도

주님, 제 자녀를 주님께 맡깁니다. 주님이 저보다 더 제 아이들을 사랑하신다는 사실을 압니다. 그리고 제한적인 제 보살핌에 비해 주님의 보살핌이 얼마나 광대한지 압니다. 제 아이들과 동행하시며 삶의 모든 순간 그들을 축복해 주소서. 제가 이 세상을 떠나 더는 함께 있지 못할 때도 그들과 함께해 주시기를 기도합니다.

09

잠을 잘 수가 없습니다

말씀 | 잠언 3:21-26

21 내 아들아 완전한 지혜와 근신을 지키고 이것들이 네 눈앞에서 떠나지 말게 하라 22 그리하면 그것이 네 영혼의 생명이 되며 네 목에 장식이 되리니 23 네가 네 길을 평안히 행하겠고 네 발이 거치지 아니하겠으며 24 네가 누울 때에 두려워하지 아니하겠고 네가 누운즉 네 잠이 달리로다 25 너는 갑작스러운 두려움도 악인에게 닥치는 멸망도 두려워하지 말라 26 대저 여호와는 네가 의지할 이시니라 네 발을 지켜 걸리지 않게 하시리라

- **주제 말씀**   네가 누울 때에 두려워하지 아니하겠고 네가 누운즉 네 잠이 달리로다(잠언 3:24).

- **생각 열기**
  - 무엇 때문에 밤에 깨어 있습니까? 두려움 때문입니까? 걱정 때문입니까? 아니면 다른 이유가 있습니까?
  - 오늘 말씀에 따르면, 지혜를 불면증에 어떻게 적용할 수 있습니까? 지혜가 당신의 수면에 도움이 될 것 같습니까?

- **묵상**   오늘 성경 본문은 "지혜"를 마치 사람인 것처럼 말합니다. 즉, 지혜는 지식이나 지능 그 이상의 것임을 보여 줍니다. 어떤 성경학자들은 지혜가 예수님이 구약에서 한 역할 중 하나일 거라고 주장하기도 합니다. 어느 경우든 지혜는 하나님과의 친밀한 관계 속에서 얻어지는 깊은 지식을 함축합니다.

  오늘 말씀에서 잠언 저자는 적극적으로 지혜를 구하고, 그것을 목에 건 목걸이처럼 계속 가지고 있어야 한다고 충고합니다. 하나님과의 이런 지속적인 영적 결합이 우리를 영적으로

The 5-Minute Bible Study for Difficult Times

살아 있게 하며, 불면증을 치료하는 최고의 약이 될 것입니다. 또한 우리에게 휴식을 주고, 하나님이 모든 것을 다스리고 계심을 확신하게 할 것입니다.

● 기도   무한한 지혜의 주님, 오직 주님만 따르길 원합니다. 잠을 이루지 못할 때도 주님의 임재 안에서 쉴 수 있습니다. 그 시간에도 주님의 사랑을 확신하게 하소서.

10

갈등을 해결할 수가 없습니다

말씀 | 디모데후서 2:23-25

23 어리석고 무식한 변론을 버리라 이에서 다툼이 나는 줄 앎이라 24 주의 종은 마땅히 다투지 아니하고 모든 사람에 대하여 온유하며 가르치기를 잘하며 참으며 25 거역하는 자를 온유함으로 훈계할지니 혹 하나님이 그들에게 회개함을 주사 진리를 알게 하실까 하며

- **주제 말씀** 어리석고 무식한 변론을 버리라 이에서 다툼이 나는 줄 앎이라(디모데후서 2:23).

- **생각 열기**
  - 다른 사람들에 대한 편파적이고 건전하지 못한 추정은 갈등을 야기합니다.
  - 당신의 현재 상황에 대해 어떤 추정을 했습니까? 그 추정이 갈등에 어떻게 작용했을 것 같습니까?

- **묵상** 하나님은 우리가 불의에 그저 순응하는 것을 원하지 않으십니다. 예수님은 상인들이 성전에서 장사하는 모습을 보고 화를 내셨고, 행동을 취하셨습니다. 하지만 예수님의 이런 의로운 분노는 시작부터 다릅니다. 의로운 분노는 다툼과 다릅니다. 다툼은 작은 짜증들이 쌓여 일어나는 일로 일반적으로 사소한 문제에서 시작합니다. 다른 사람들의 생각을 오해해서 생기기도 합니다. 상황을 다 이해하고 진실을 알기도 전에 우리는 결론을 내려 버립니다. 그러면서 이런 잘못된 추정을 다른 사람들에게 씌우고 갈등의 불씨를 더 키워 사소했던 문제가 큰 사건이 되게 만듭니다.

하나님은 우리에게 이런 식의 사고와 행동을 하지 말라고 하십니다. 대신 온유와 인내와 친절로 문제에 결부된 모든 사람과 그 상황을 논의하려는 의지를 가지라고 하십니다.

● 기도   하늘에 계신 주님, 이 갈등을 해결할 수가 없습니다. 일이 이렇게 커진 데 있어서 제가 한 모든 일을 용서해 주소서. 그리고 친절함과 인내와 온유함을 보여 줄 기회를 허락하소서. 상대의 말을 기꺼이 듣고자 하는 마음이 저로부터 시작해 이 일에 관련된 모든 사람에게 생기게 하소서.

11

계속 눈물이 납니다

말씀 | 요한계시록 21:3-5

3 내가 들으니 보좌에서 큰 음성이 나서 이르되 보라 하나님의 장막이 사람들과 함께 있으매 하나님이 그들과 함께 계시리니 그들은 하나님의 백성이 되고 하나님은 친히 그들과 함께 계셔서 4 모든 눈물을 그 눈에서 닦아 주시니 다시는 사망이 없고 애통하는 것이나 곡하는 것이나 아픈 것이 다시 있지 아니하리니 처음 것들이 다 지나갔음이러라 5 보좌에 앉으신 이가 이르시되 보라 내가 만물을 새롭게 하노라 하시고 또 이르시되 이 말은 신실하고 참되니 기록하라 하시고

- **주제 말씀**   모든 눈물을 그 눈에서 닦아 주시니(요한계시록 21:4).
- **생각 열기**
  - 무슨 일로 울고 있습니까?
  - 하나님 나라가 완전히 임하려면 아직 기다려야 하지만, 지금도 하나님이 당신을 위로하실 수 있다고 믿습니까?
- **묵상**   이 세상에서 살면서 죽음과 상실을 피할 수는 없습니다. 삶의 모든 국면은 끝이 있고, 우리가 사랑하는 사람 모두가 언젠가는 죽을 것입니다. 눈물은 인간의 삶에서 매우 실제적인 것입니다.

  오늘 성경 본문은 이 세상의 삶과는 다른 현실, 즉 이 세상에서는 한 번도 경험하지 못한 일을 묘사합니다. 이러한 새로운 현실에서는 하나님이 눈에 보이는 방식으로 우리와 함께하시며 친밀하고 연합된 관계를 맺으십니다. 그곳에는 고통이나 죽음이 없으므로 더 이상 눈물을 흘릴 필요가 없습니다.

  현실이 되기에는 너무 이상적인 일 같습니까? 하나님은 우리

가 이렇게 느낀다는 것을 아십니다. 그래서 요한에게 이렇게 말씀하셨을 것입니다. "이 말은 신실하고 참되니 기록하라"(5절). 이 세상에서 우리가 흘리는 모든 눈물은 천국에서 위로받을 것입니다.

● 기도   하나님, 우는 데 지쳤습니다. 너무 울어서 눈물이 다 말랐을 지경인데도 계속 눈물이 납니다. 하나님이 여기 계셔서 감사합니다. 제 슬픔 가운데 함께 계셔서 감사합니다. 제 눈물을 하나님께 드립니다(지금은 이것밖에 드릴 것이 없습니다). 언젠가 하나님이 모든 눈물을 닦아 주실 줄로 압니다.

12

집중할 수가 없습니다

말씀 | 빌립보서 3:12-16, 현대인의성경

12 내가 이 모든 것을 이미 얻었다는 것도 아니며 완전해졌다는 것도 아닙니다. 다만 그리스도 예수님이 나를 위해 마련하신 상을 받으려고 계속 달려가고 있습니다. 13 형제 여러분, 나는 그것을 이미 얻었다고 생각하지 않습니다. 그러나 한 가지 일만은 분명히 하고 있습니다. 즉 뒤에 있는 것은 잊어버리고 앞에 있는 것을 잡으려고 14 그리스도 예수님 안에서 하나님이 위에서 나를 부르신 부름의 상을 얻으려고 목표를 향해 달려가고 있습니다. 15 그러므로 믿음이 성숙한 사람들은 모두 이와 같은 생각으로 살아야 합니다. 만일 여러분이 나와 다른 생각을 가지고 있다면 하나님은 그것도 분명하게 바로 가르쳐 주실 것입니다. 16 우리가 어느 정도의 수준에 도달했든지 지금까지 따른 법칙에 따라 계속 그대로 살도록 합시다.

- **주제 말씀** 만일 여러분이 나와 다른 생각을 가지고 있다면 하나님은 그것도 분명하게 바로 가르쳐 주실 것입니다(빌립보서 3:15, 현대인의성경).

- **생각 열기**
  - 목표는 좋은 초점입니다. 목표가 있으면 지치거나 혼란스러울 때도 길에서 벗어나지 않을 수 있습니다.
  - 당신의 삶에는 어떤 목표가 있습니까? 당신을 향한 하나님의 뜻과 일치하는 것 같습니까? 아니면 당신의 초점을 흐리게 만들지는 않습니까?

- **묵상** 목표는 우리가 나아가기로 선택한 지점입니다. 조용한 순간에 신중하게 고려해서 선택한 것입니다. 목표는 분명하고 구체적이어서, 아무리 바쁘고 혼란스러운 순간에도 우리를 바른 방향으로 이끕니다. 이런 목표가 없다면 우리 삶은 방황하게 됩니다.

The 5-Minute Bible Study for Difficult Times

우리는 그리스도인으로서 예수님을 따릅니다. 그분이 우리 목표이고 우리가 다다라야 할 목표 지점입니다. 하지만 베드로가 갈릴리 바다에서 예수님을 향해 걷다가 어떤 일을 겪었는지 기억하십시오. 자신의 목표에서 눈을 떼자 그는 즉시 가라앉기 시작했습니다. 예수님께 초점을 맞추지 못할 때, 우리에게도 영적으로 이런 일이 일어납니다. 사물들이 흐려지기 시작합니다. 삶은 엉망이 되어 갑니다. 무엇을 해야 할지 확신이 서지 않습니다. 가라앉기 시작합니다.

우리는 모두 이런 순간을 겪습니다. 하지만 오늘 본문 말씀이 우리에게 소망과 격려를 줍니다. 하나님이 우리를 분명하게 바로 가르쳐 주셔서 예수님을 다시 볼 수 있게 하실 것입니다.

● 기도

예수님, 주님께로 갑니다. 길을 보여 주소서. 삶이 혼란스러울 때, 예수님께 집중할 수 있게 도와주소서.

13

아픈 데 진저리가 납니다

말씀 | 잠언 3:7-12, 현대인의성경

7 스스로 지혜롭다고 생각하지 말아라. 너는 여호와를 두려워하고 악을 피하라. 8 이것이 너에게 좋은 약이 되어 너의 몸과 마음을 건강하게 할 것이다. 9 네 재산과 네 모든 농산물의 첫 열매로 여호와를 공경하라. 10 그러면 네 창고가 가득 차고 포도주 통에 새 포도주가 넘칠 것이다. 11 내 아들아, 여호와의 징계를 가볍게 여기지 말며 그의 꾸지람을 언짢게 생각하지 말아라. 12 아버지가 자식이 잘되라고 꾸짖고 나무라는 것처럼 여호와께서도 자기가 사랑하는 사람을 꾸짖고 나무라신다.

- **주제 말씀** 이것이 너에게 좋은 약이 되어 너의 몸과 마음을 건강하게 할 것이다(잠언 3:8, 현대인의성경).

- **생각 열기**
  - 성경은 육체의 건강을 영적 헌신과 연결합니다. 살면서 이런 경험을 해보았습니까?
  - 오늘 본문 말씀은 몸의 건강을 포함해 육체적 축복을 약속합니다. 하지만 하나님을 따르는 자들은 시련이나 다른 어려움을 만날 때마다 그것을 배움의 기회로 삼아야 한다는 내용도 함축합니다. 하나님이 육체의 질병을 통해 무언가를 교훈하신 적이 있습니까?
  - 당신의 병을 포함해 모든 것을 하나님께 드리며 하나님을 높여 드린 적이 있습니까?

- **묵상** 몸이 아프면 기분이 별로 좋지 않습니다. 온몸이 무겁고 약해집니다. 몸 상태에 따라 기분까지 처지고, 용기를 잃거나 우울을 느끼기도 합니다.

The 5-Minute Bible Study for Difficult Times

하지만 하나님은 모든 것을 하나님께 드리는 사람을 축복하신다고 반복해서 약속하십니다. 그것이 돈이든, 자녀든, 아니면 건강이든 내려놓는 게 먼저입니다. 그것들이 온전히 하나님의 것이 되지 않는 한, 하나님은 우리 삶을 축복하실 수 없습니다.

하나님은 우리가 바라는 것만큼 빨리 우리 질병을 고쳐 주지 않으실 수도 있습니다. 어떤 경우에는 아예 회복시켜 주지 않으실 수도 있습니다. 하지만 하나님은 언제나 우리를 축복하고 싶어 하십니다. 그리고 우리가 영적으로 건강하기를 원하십니다.

- 기도   사랑하는 주님, 몸이 아파서 너무 힘듭니다. 제가 이렇게 오래 아프니 어떻게 주님을 위해 쓰임 받을 수 있겠습니까? 정말 건강해지고 싶습니다. 하지만 오늘만큼은 첫발을 내디뎌 주님께 제 질병을 내어드리겠습니다. 제 몸을 주님 손에 맡깁니다. 제게 가장 필요한 방식으로 저를 축복해 주실 것을 믿습니다.

14

불안한 상상이 멈추지 않습니다

말씀 | 고린도후서 10:3-5

3 우리가 육신으로 행하나 육신에 따라 싸우지 아니하노니 4 우리의 싸우는 무기는 육신에 속한 것이 아니요 오직 어떤 견고한 진도 무너뜨리는 하나님의 능력이라 모든 이론을 무너뜨리며 5 하나님 아는 것을 대적하여 높아진 것을 다 무너뜨리고 모든 생각을 사로잡아 그리스도에게 복종하게 하니

- **주제 말씀** 하나님 아는 것을 대적하여 높아진 것을 다 무너뜨리고 모든 생각을 사로잡아 그리스도에게 복종하게 하니(고린도후서 10:5).

- **생각 열기**
  - 오늘 본문 말씀에서 "무기"(4절)라고 표현된 것은 무엇을 말합니까? 성경 말씀 또한 우리의 불안을 퇴치할 무기가 될 수 있다고 생각합니까?
  - 그리스도께 복종하기를 거부하는 당신의 "견고한 진"(4절)은 무엇입니까? 그중 걱정과 관계된 것들은 얼마나 됩니까?
  - 그리스도께 복종한다는 것은 무슨 의미입니까? 그렇게 하면 당신의 삶에서 구체적으로 어떤 일이 일어날 것 같습니까?

- **묵상** 걱정과 하나님을 신뢰하는 것은 양립할 수 없습니다. 하지만 우리는 종종 걱정이 우리 마음을 사로잡도록 허용합니다. 생각을 통제하기란 쉽지 않습니다. 그래서 오늘 본문 말씀에서는 전쟁 용어를 사용합니다. 그 싸움은 정말 실제적입니다!
현대 심리학자들도 우리가 우리 생각을 통제할 수 있다는 바울의 생각에 동의합니다. 현대 심리학자들은 우리 내면에서 지속해서 행해지는 '자기 대화'에 주의하라고 말합니다. '아

The 5-Minute Bible Study for Difficult Times

무래도 이건 안 될 것 같아.', '돈이 부족한 것 같은데…', '뭔가 안 좋은 일이 생길 것 같아.' 이 같은 부정적인 말들을 하는 것을 직감하면, 의식적으로 긍정적인 확신으로 대체할 수 있어야 합니다. 예를 들어, '하나님이 도우시면 잘할 수 있을 거야.', '하나님이 모든 필요를 채워 주실 거야.', '미래는 하나님 손에 달렸어.'라고 의식적으로 바꿀 수 있습니다.

● 기도   주님, 제 생각 속에 주님을 대적하여 세운 "견고한 진"들이 있다면 보여 주십시오. 그 진들을 사로잡아 주님께 드릴 수 있도록 도와주소서.

15

제가 한 일이 부끄럽습니다

말씀 | 로마서 8:1-4

1 그러므로 이제 그리스도 예수 안에 있는 자에게는 결코 정죄함이 없나니 2 이는 그리스도 예수 안에 있는 생명의 성령의 법이 죄와 사망의 법에서 너를 해방하였음이라 3 율법이 육신으로 말미암아 연약하여 할 수 없는 그것을 하나님은 하시나니 곧 죄로 말미암아 자기 아들을 죄 있는 육신의 모양으로 보내어 육신에 죄를 정하사 4 육신을 따르지 않고 그 영을 따라 행하는 우리에게 율법의 요구가 이루어지게 하려 하심이니라

- **주제 말씀** 그러므로 이제 그리스도 예수 안에 있는 자에게는 결코 정죄함이 없나니(로마서 8:1).

- **생각 열기**
  - 길을 잃었을 때 당신은 어떤 부분을 통제당했습니까? 마음에서 예수님 대신 목표가 되었던 것이 무엇입니까?
  - 예수님께 속해 있지만 율법에서 자유롭다는 것이 당신에게는 어떤 의미입니까? 그리스도인은 '예수님을 따르는 것'이지 '율법을 따르는 것'이 아니라고 생각합니까?

- **묵상** 수치는 죄책감과 다릅니다. 죄책감은 우리가 뭔가 나쁜 일을 했음을 인정하는 것이지만, 수치는 우리가 나쁜 사람이라고 믿는 것입니다. 예수님이 죽으셨기에 우리는 더 이상 수치를 느낄 필요가 없습니다.

  우리는 모두 나중에 후회할 일들을 저질렀습니다. 어떤 실수는 좋은 의도를 가지고 모르고 저지른 것이지만, 어떤 실수는 이기적인 본심을 따라 행동하다가 저지른 것입니다. 그리스도

인들도 이 문제에서 전혀 자유롭지 못합니다. 우리는 여전히 실수합니다. 심지어 끔찍한 일을 저지르기도 합니다. 이런 일을 저지르면, 우리 행동에 따른 결과로 고통을 받게 될 것입니다. 즉, 죄책감을 느끼고, 그 일을 만회할 수 있는 일이라면 뭐든 결단하고 행해야 할 것입니다. 하지만 하나님은 우리를 정죄하지 않으십니다. 우리는 수치를 느낄 필요가 없습니다. 왜냐하면 우리는 하나님께 속해 있고, 생명을 주시는 성령께서 우리 안에서 일하시며 우리를 점점 더 예수님을 닮아 가게 하시기 때문입니다.

● 기도

예수님, 제 수치감을 예수님께 드립니다. 이것을 받으시고 십자가에 못 박아 주소서. 예수님 안에서 저를 새로운 생명으로 일으켜 세워 주소서.

16

감정이 통제가 안 됩니다

말씀 | 마태복음 26:51-54

51 예수와 함께 있던 자 중의 하나가 손을 펴 칼을 빼어 대제사장의 종을 쳐 그 귀를 떨어뜨리니 52 이에 예수께서 이르시되 네 칼을 도로 칼집에 꽂으라 칼을 가지는 자는 다 칼로 망하느니라 53 너는 내가 내 아버지께 구하여 지금 열두 군단 더 되는 천사를 보내시게 할 수 없는 줄로 아느냐 54 내가 만일 그렇게 하면 이런 일이 있으리라 한 성경이 어떻게 이루어지겠느냐 하시더라

- **주제 말씀** 이에 예수께서 이르시되 네 칼을 도로 칼집에 꽂으라 칼을 가지는 자는 다 칼로 망하느니라(마태복음 26:52).

- **생각 열기**
  - 감정에 사로잡혀 행동하면 어떤 일이 일어납니까?
  - 감정을 "칼"이라고 한다면, 다른 사람을 향해 이 칼을 휘둘러 본 적이 있습니까? 그 행동이 당신에게 돌아와 당신 마음까지 다치게 한 적이 있습니까?

- **묵상** 이 사건에 관한 다른 복음서의 기록을 보면, 베드로는 칼을 빼서 대제사장 종의 귀를 베었습니다. 베드로는 복음서 전체에서 충동적으로 행동하는 모습을 보입니다. 대개 의도는 선했지만(자신의 스승을 사랑한 것은 분명했습니다) 늘 감정에 따라 행동했습니다. 생각하기 전에 먼저 말하고 행동했던 것입니다.
예수님은 여기서 물리적인 폭력을 말씀하셨지만, 베드로의 칼을 그의 감정에 대한 비유로 생각할 수 있습니다. 감정을 갖는 것은 잘못이 아닙니다. 하지만 감정은 통제되어야 합니다. 감정을 제대로 처리하지 못하면 다른 사람을 해칠 수도 있습니

다. 그리고 결국 우리 자신도 해칠 수 있습니다.

- **기도** 예수님, 제 감정을 주변 사람들을 공격하는 무기로 사용했던 순간들을 용서해 주소서. 제가 상처 준 사람들을 치유해 주소서. 감정을 더 잘 다룰 수 있도록 도와주소서.

17

너무 실망스럽습니다

말씀 | 민수기 23:19-23

19 하나님은 사람이 아니시니 거짓말을 하지 않으시고 인생이 아니시니 후회가 없으시도다 어찌 그 말씀하신 바를 행하지 않으시며 하신 말씀을 실행하지 않으시랴 20 내가 축복할 것을 받았으니 그가 주신 복을 내가 돌이키지 않으리라 21 야곱의 허물을 보지 아니하시며 이스라엘의 반역을 보지 아니하시는도다 여호와 그들의 하나님이 그들과 함께 계시니 왕을 부르는 소리가 그중에 있도다 22 하나님이 그들을 애굽에서 인도하여 내셨으니 그의 힘이 들소와 같도다 23 야곱을 해할 점술이 없고 이스라엘을 해할 복술이 없도다 이때에 야곱과 이스라엘에 대하여 논할진대 하나님께서 행하신 일이 어찌 그리 크냐 하리로다

- **주제 말씀** 하나님은 사람이 아니시니 거짓말을 하지 않으시고 인생이 아니시니 후회가 없으시도다 어찌 그 말씀하신 바를 행하지 않으시며 하신 말씀을 실행하지 않으시랴(민수기 23:19).

- **생각 열기**
  - 살면서 어떤 실망스러운 일이 가장 참기 어렵습니까?
  - 실망스러울 때 어디를 주목합니까? 실망스러운 순간에도 하나님이 당신을 위해 일하시리라 기대합니까? 아니면 당신을 낙심하게 만든 사람들에게 집중하지는 않습니까?

- **묵상** 살다 보면 실망스러운 일은 어쩔 수 없이 생깁니다. 사람들은 우리를 실망하게 합니다. 뭔가 할 것처럼 약속하지만 정작 하지 않습니다. 일어나리라 기대했던 일은 일어나지 않습니다. 하지만 하나님은 절대 우리를 실망하게 하지 않겠다고 약속하십니다. 하나님은 약속하신 것을 반드시 지키십니다. 하나님은 우리를 잘못 인도하지 않으십니다. 하나님이 축복하겠다고

약속하셨다면 반드시 축복하실 것입니다!

실망스러운 일이 쌓이기 시작한다면, 우리가 무엇을 확신하는지 점검해 보라는 신호일 수 있습니다. 하나님과 그분의 약속을 확신합니까? 아니면 사람들이 이런저런 방법으로 우리를 행복하게 해주리라 기대하지는 않습니까? 아무리 괜찮은 사람이라도 사람은 다 허점이 있습니다. 아무리 우리를 사랑하는 사람이라도 언젠가는 우리를 실망하게 할 것입니다. 하지만 하나님은 결코 우리를 실망하게 하지 않으십니다.

● 기도

성령님, 오늘 다시 한번 하나님의 약속을 의지하도록 저를 일깨워 주소서. 다시 한번 하나님의 약속을 붙들고 이렇게 고백하겠습니다. "하나님이 행하신 일을 보라!"

18

하나님이 계신다는 사실을 의심하게 됩니다

말씀 | 누가복음 24:36-43

36 이 말을 할 때에 예수께서 친히 그들 가운데 서서 이르시되 너희에게 평강이 있을지어다 하시니 37 그들이 놀라고 무서워하여 그 보는 것을 영으로 생각하는지라 38 예수께서 이르시되 어찌하여 두려워하며 어찌하여 마음에 의심이 일어나느냐 39 내 손과 발을 보고 나인 줄 알라 또 나를 만져 보라 영은 살과 뼈가 없으되 너희 보는 바와 같이 나는 있느니라 40 이 말씀을 하시고 손과 발을 보이시나 41 그들이 너무 기쁘므로 아직도 믿지 못하고 놀랍게 여길 때에 이르시되 여기 무슨 먹을 것이 있느냐 하시니 42 이에 구운 생선 한 토막을 드리니 43 받으사 그 앞에서 잡수시더라

- 주제 말씀

  예수께서 이르시되 어찌하여 두려워하며 어찌하여 마음에 의심이 일어나느냐 내 손과 발을 보고 나인 줄 알라 또 나를 만져 보라 영은 살과 뼈가 없으되 너희 보는 바와 같이 나는 있느니라(누가복음 24:38-39).

- 생각 열기

  - 하나님이 계신다는 사실을 의심하게 만드는 것이 무엇입니까? 당신의 의심은 지적인(당신이 생각하는 것에 기초한) 것입니까, 아니면 감정적인(하나님을 느낄 수 없는 것에 기초한) 것입니까?
  - 의심이 들어 죄책감을 느낍니까? 의심하면 하나님이 화를 내실 거라 생각합니까?
  - 어떻게 하면 의심을 떨쳐 버릴 수 있을까요?

- 묵상

  우리는 모두 하나님이 계신다는 사실을 의심할 때가 있습니다. 의심이 드는 것이 정상입니다. 의심하는 것이 죄는 아닙니다. 하지만 의심이 길어지면 고통스러울 수 있습니다. 하나님

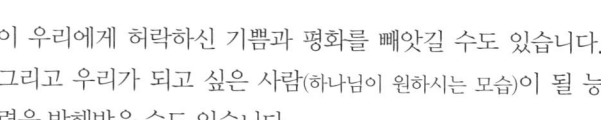

이 우리에게 허락하신 기쁨과 평화를 빼앗길 수도 있습니다. 그리고 우리가 되고 싶은 사람(하나님이 원하시는 모습)이 될 능력을 방해받을 수도 있습니다.

예수님이 수많은 기적을 베푸시는 광경을 직접 본 제자들은 예수님을 의심하지 않았을까요? 그렇지 않습니다. 그들도 우리처럼 때로는 두려워 떨며 의심했습니다. 사랑과 신뢰로만 가득했던 것이 아닙니다. 하지만 예수님은 의심하는 그들을 나무라지 않으셨습니다. 오히려 자신을 그들에게 드러내 보이셨습니다.

예수님은 우리에게도 그렇게 하고 싶어 하십니다. 우리가 의심에 휩싸일 때, 예수님은 손을 내밀며 "보이지? 나다!"라고 말씀하십니다.

- **기도** 예수님, 예수님 자신을 보여 주소서. 의심하는 제 마음을 사용하셔서 예수님께로 더 가까이 인도하소서.

19

배신당한 기분입니다

말씀 | 시편 41:9-13

9 내가 신뢰하여 내 떡을 나눠 먹던 나의 가까운 친구도 나를 대적하여 그의 발꿈치를 들었나이다 10 그러하오나 주 여호와여 내게 은혜를 베푸시고 나를 일으키사 내가 그들에게 보응하게 하소서 이로써 11 내 원수가 나를 이기지 못하오니 주께서 나를 기뻐하시는 줄 내가 알았나이다 12 주께서 나를 온전한 중에 붙드시고 영원히 주 앞에 세우시나이다 13 이스라엘의 하나님 여호와를 영원부터 영원까지 송축할지로다 아멘 아멘

- **주제 말씀** 내가 신뢰하여 내 떡을 나눠 먹던 나의 가까운 친구도 나를 대적하여 그의 발꿈치를 들었나이다(시편 41:9).

- **생각 열기**
  - 12절은 "주께서 나를 온전한 중에 붙드시고"라고 말합니다. 당신이 처한 상황에서 어떻게 온전한 모습을 보여 줄 수 있겠습니까?
  - 상처와 씁쓸함이 몰려올 때 의식적으로 하나님을 바라보려고 노력할 수 있겠습니까?

- **묵상** 친구나 가족, 배우자 등 사랑하는 사람에게 배신당하는 것보다 더 상처 되는 일은 없을 것입니다. 물론 우리는 모두 때로 서로를 실망하게 합니다. 우리는 인간이고 흠이 많기 때문입니다. 하지만 배신은 그 깊이가 조금 다릅니다. 배신은 우리가 안전하다고 생각하던 관계를 거부하는 것입니다. 당연히 딱딱한 땅이라 생각해서 발을 디뎠는데 발이 빠져 버리는 것과 같습니다. 그렇게 되면 자신을 믿을 수 없게 되고, 자신의 가치

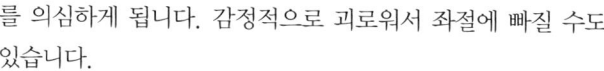

를 의심하게 됩니다. 감정적으로 괴로워서 좌절에 빠질 수도 있습니다.

시편 기자는 이런 경험을 했을 때, 그의 고통을 하나님께로 가져갔습니다. 자신을 배신한 사람에게 이전의 신뢰하던 모습으로 돌아오라고 애원하는 대신, 하나님께 나아가 균형을 회복시켜 주시고 안전함을 느끼게 해달라고 요청했습니다. 그는 자신을 향한 하나님의 사랑을 확신하며 하나님을 찬양했습니다.

● 기도

주님, 이 고통 중에서도 온전하게 하소서. 주님의 사랑은 결코 저를 버리지 않으니 감사합니다. 주님은 저를 배신하지 않으십니다. 주님을 찬양합니다!

20

거짓말을 해서 후회됩니다

말씀 | 시편 51:1-12

1 하나님이여 주의 인자를 따라 내게 은혜를 베푸시며 주의 많은 긍휼을 따라 내 죄악을 지워 주소서 2 나의 죄악을 말갛게 씻으시며 나의 죄를 깨끗이 제하소서 3 무릇 나는 내 죄과를 아오니 내 죄가 항상 내 앞에 있나이다 4 내가 주께만 범죄하여 주의 목전에 악을 행하였사오니 주께서 말씀하실 때에 의로우시다 하고 주께서 심판하실 때에 순전하시다 하리이다 5 내가 죄악 중에서 출생하였음이여 어머니가 죄 중에서 나를 잉태하였나이다 6 보소서 주께서는 중심이 진실함을 원하시오니 내게 지혜를 은밀히 가르치시리이다 7 우슬초로 나를 정결하게 하소서 내가 정하리이다 나의 죄를 씻어 주소서 내가 눈보다 희리이다 8 내게 즐겁고 기쁜 소리를 들려주시사 주께서 꺾으신 뼈들도 즐거워하게 하소서 9 주의 얼굴을 내 죄에서 돌이키시고 내 모든 죄악을 지워 주소서 10 하나님이여 내 속에 정한 마음을 창조하시고 내 안에 정직한 영을 새롭게 하소서 11 나를 주 앞에서 쫓아내지 마시며 주의 성령을 내게서 거두지 마소서 12 주의 구원의 즐거움을 내게 회복시켜 주시고 자원하는 심령을 주사 나를 붙드소서

- **주제 말씀** 나의 죄악을 말갛게 씻으시며 나의 죄를 깨끗이 제하소서 무릇 나는 내 죄과를 아오니 내 죄가 항상 내 앞에 있나이다(시편 51:2-3).

- **생각 열기**
  - 시편 기자는 왜 사람들이 아닌 하나님께 범죄했다고 말하는 것일까요? 당신의 거짓말이 사람보다 하나님께 더 상처가 된다고 생각합니까?
  - 당신의 거짓말 뒤에는 어떤 동기가 숨어 있습니까?
  - 6절에서 시편 기자는 하나님께서 "중심이 진실함"을 원하신다고 말합니다. 이것이 무슨 의미라고 생각합니까?

- **묵상** 거짓말을 내뱉는 것은 참 쉬운 일입니다. 우리는 이런저런 이

유로 진실에서 벗어납니다. 다른 사람에게 더 잘 보이려고 그러기도 하고, 더 나쁜 죄를 숨기려고 그러기도 합니다. 때로는 대화를 더 재미있게 하려고(우리 생각이지만) 그러기도 하고, 때로는 다른 사람을 치켜세워 주려고 그러기도 합니다.

하지만 시편 기자는 하나님께 중요한 것은 진실임을 알았기에, 우리와 하나님과의 관계에서 가장 중요한 것은 내적 진실이라고 강조합니다. 우리가 내면의 실제 모습과 다른 거짓 자아를 만들어 스스로 그 거짓말에 속기 때문에 이런 말을 했을 것입니다. 우리 자신을 숨기면서 어떻게 하나님께(혹은 다른 사람에게) 진실할 수 있겠습니까? 내적인 진실로 돌아가기 위한 첫 단계는 우리의 거짓을 인정하고 하나님께 용서를 구하는 것입니다. 하나님은 우리가 숨겨 왔던 거짓을 씻어 주실 수 있는 유일한 분이십니다.

● 기도   하나님, 제 안에 깨끗한 마음을 창조하시고 정직한 영을 새롭게 하소서. 저를 주님 앞에서 쫓아내지 마시고 주님의 성령을 제게서 거두지 마소서. 주님의 구원의 기쁨을 회복시켜 주시고 주님의 영으로 저를 붙드소서(10-12절 참조).

21

시기하는 마음이 듭니다

말씀 | 고린도전서 3:1-9, 현대인의성경

1 형제 여러분, 나는 여러분에게 영적인 사람을 대하듯이 말할 수가 없어서 세속적인 사람, 곧 그리스도 안에서 어린아이를 대하듯 말합니다. 2 내가 여러분에게 젖을 먹이고 단단한 음식을 먹이지 않았습니다. 이것은 여러분이 그것을 소화시킬 능력이 없었기 때문입니다. 여러분은 지금도 마찬가지입니다. 3 아직도 여러분은 세상 사람들처럼 살고 있습니다. 여러분 가운데 시기와 다툼이 있는데 어찌 육적인 세상 사람들처럼 행동하는 것이 아니라고 할 수 있겠습니까? 4 여러분 가운데 어떤 사람은 "나는 바울파다", 또 어떤 사람은 "나는 아볼로파다" 하고 말한다니 여러분이 세상 사람과 다를 게 무엇입니까? 5 그렇다면 아볼로는 무엇이며 바울은 무엇입니까? 우리는 주님이 시키신 대로 여러분을 믿게 한 종들에 지나지 않습니다. 6 나는 심었고 아볼로는 물을 주었습니다. 그러나 자라게 하신 분은 하나님이십니다. 7 그러므로 심는 사람과 물을 주는 사람은 아무것도 아니지만 자라나게 하시는 하나님이 가장 중요합니다. 8 심는 사람과 물을 주는 사람은 하나이며 각자 자기가 일한 대로 상을 받을 것입니다. 9 우리는 하나님의 일을 하는 동역자들이요 여러분은 하나님의 밭이며 건물입니다.

● 주제 말씀   아직도 여러분은 세상 사람들처럼 살고 있습니다. 여러분 가운데 시기와 다툼이 있는데 어찌 육적인 세상 사람들처럼 행동하는 것이 아니라고 할 수 있겠습니까?(고린도전서 3:3, 현대인의성경)

● 생각 열기
- 바울이 고린도 사람들에게 단단한 음식이 아닌 젖(우유)을 주었다고 말하는데, 그게 무슨 의미 같습니까?
- 당신은 무엇을 시기합니까? 자신을 하나님의 일을 하는 동역자로 인식할 때 그 시기는 어떻게 변하겠습니까?
- 바울은 고린도 교회의 다양한 파당에 대해 언급합니다. 오늘날 분열된 정치 진영 안에도 시기가 있다고 생각합니까?

The 5-Minute Bible Study for Difficult Times

- 묵상   시기는 참 힘든 감정입니다. 대체로 자신이 부적합하고 불안정하다고 느낄 때 시기하게 됩니다. 내가 가진 것을 초라하게 여기면 다른 사람의 외모나 재능, 권력, 인기 등을 시기하게 됩니다. 배우자나 친구가 다른 누군가에게 관심을 기울이면 시기하게 되기도 합니다. 두 경우 모두, 우리에게 중요한 무언가(우리 자신의 자아 존중감이든, 다른 사람의 사랑이든)를 잃을지 모른다고 느끼는 것입니다.

  이것은 인간의 자연스러운 감정입니다. 하지만 오늘 성경 본문에서 바울은, 우리는 인간적 관점을 넘어 성령의 관점에서 사물을 보도록 부름 받았다고 말합니다. 그렇게 할 때 우리는 하나님 안에서 우리가 모든 것을 가졌다는 사실을 깨닫게 될 것입니다. 우리는 안전하고, 안심할 수 있으며, 소중히 여김을 받고 있습니다. 우리는 개별적인 생각과 관점을 가진 존재이지만, 하나님 앞에서는 모두 동등합니다. 우리는 모두 같은 목적을 위해 일하도록 부름 받았습니다. 또한 우리는 "하나님의 밭이며 건물"(9절)입니다.

- 기도   사랑의 하나님, 저를 하나님께 집중하게 하셔서 시기가 틈타지 못하게 하소서. 이제 젖을 떼고 단단한 음식을 먹을 정도로 성장하게 하소서.

22

의심이 가득합니다

말씀 | 마가복음 9:17-29, 현대인의성경

17 군중 가운데 한 사람이 이렇게 대답하였다. "선생님, 벙어리 귀신 들린 제 아들을 데려왔습니다. 18 귀신이 그에게 발작을 일으키면 아무 데서나 넘어져 거품을 내고 이를 갈면서 온몸이 빳빳해져 버립니다. 그래서 선생님의 제자들에게 데려왔으나 귀신을 쫓아내지 못했습니다." 19 그러자 예수님은 "믿음이 없는 세대야, 내가 언제까지 너희와 함께 있어야 하겠느냐? 너희를 보고 내가 언제까지 참아야 하겠느냐? 아이를 이리 데려오너라" 하고 말씀하셨다. 20 아이를 예수님께 데려가니 귀신이 예수님을 보고 아이에게 발작을 일으켰다. … 21 그래서 예수님이 아이 아버지에게 물었다. "언제부터 이렇게 되었느냐?" "어렸을 때부터입니다. 22 귀신이 자주 아이를 불과 물속에 던져 죽이려 했습니다. 그러나 선생님, 하실 수 있다면 우리를 불쌍히 여겨 도와주십시오." 23 "할 수 있다면이 무슨 말이냐? 믿는 사람은 무엇이든지 할 수 있다." 24 바로 그때 아이 아버지가 큰 소리로 "제가 믿습니다. 믿음 없는 제가 믿음을 갖도록 도와주십시오" 하였다. 25 예수님은 사람들이 점점 모여드는 것을 보시고 더러운 귀신에게 "벙어리와 귀머거리 되게 하는 귀신아, 내가 너에게 명령한다. 그 아이에게서 나와 다시는 들어가지 말아라" 하고 호통을 치셨다. … 28 예수님이 집에 들어가 계실 때 제자들이 조용히 와서 "왜 우리는 귀신을 쫓아낼 수 없었습니까?" 하고 물었다. 29 그래서 예수님은 "이런 귀신은 기도가 아니면 나가지 않는다" 하고 대답하셨다.

- **주제 말씀**　　바로 그때 아이 아버지가 큰 소리로 "제가 믿습니다. 믿음 없는 제가 믿음을 갖도록 도와주십시오" 하였다(마가복음 9:24, 현대인의성경).

- **생각 열기**　　• 오늘 본문 말씀에서 예수님은 아들의 병을 고쳐 달라는 한 아버지의 믿음 없는 모습에 화가 나신 것 같지 않습니까?
　　　　　　　　• 그의 의심이 완전히 사라졌다고 생각합니까?

- **묵상**　　　　오늘 본문 말씀에서 예수님은 인간적인 반응을 보이십니다.

The 5-Minute Bible Study for Difficult Times

"너희를 보고 내가 언제까지 참아야 하겠느냐?"(19절) 대부분의 부모가 자녀에게 이런 비슷한 말을 해보았을 것입니다!

하지만 우리는 여전히 예수님이 하신 이 말씀을 온전히 받아들이지 못합니다. 아이들은 여전히 병으로 고통받고 있고, 부모가 아무리 믿음이 강해도 하나님이 그 아이들을 다 고쳐 주시지는 않습니다. 이런 현실을 생각할 때 우리는 여전히 의심이 생깁니다. 성경은 복과 치유의 약속들로 가득하지만, 우리 삶과 세상에 존재하는 수많은 고통을 보면 그 약속들을 믿기 어려워집니다.

아마도 이 이야기가 담고 있는 진짜 메시지는 아이의 아버지가 우리에게 보여 주는 본일 것입니다. 그는 자신의 의심을 인정하고 그것을 예수님께 내려놓았습니다.

● 기도   예수님, 이 이야기에 나오는 아버지처럼 저도 의심 때문에 괴롭고 힘듭니다. 치유의 손으로 제 상황을 만져 주소서. 예수님을 믿습니다. 예수님께 모든 의심을 내어드립니다.

23

부모님이 걱정스럽습니다

말씀 | 이사야 46:3-11

3 야곱의 집이여 이스라엘 집에 남은 모든 자여 내게 들을지어다 배에서 태어남으로부터 내게 안겼고 태에서 남으로부터 내게 업힌 너희여 4 너희가 노년에 이르기까지 내가 그리하겠고 백발이 되기까지 내가 너희를 품을 것이라 내가 지었은즉 내가 업을 것이요 내가 품고 구하여 내리라 … 9 너희는 옛적 일을 기억하라 나는 하나님이라 나 외에 다른 이가 없느니라 나는 하나님이라 나 같은 이가 없느니라 10 내가 시초부터 종말을 알리며 아직 이루지 아니한 일을 옛적부터 보이고 이르기를 나의 뜻이 설 것이니 내가 나의 모든 기뻐하는 것을 이루리라 하였노라 11 내가 동쪽에서 사나운 날짐승을 부르며 먼 나라에서 나의 뜻을 이룰 사람을 부를 것이라 내가 말하였은즉 반드시 이룰 것이요 계획하였은즉 반드시 시행하리라

- **주제 말씀**　너희가 노년에 이르기까지 내가 그리하겠고 백발이 되기까지 내가 너희를 품을 것이라 내가 지었은즉 내가 업을 것이요 내가 품고 구하여 내리라(이사야 46:4).

- **생각 열기**
  - 업겠다고 하신 하나님의 말씀이 무슨 의미 같습니까?
  - 부모님에 대한 걱정이 가득할 때, 그분들이 하나님 품에 안겨 있는 모습을 상상할 수 있겠습니까?

- **묵상**　부모님이 나이 드시는 모습을 지켜보는 것은 힘든 일입니다. 부모님은 우리를 가장 먼저 사랑하신 분들이자, 어린 시절에는 우리를 안전하게 지켜 주신 분들입니다. 그리고 오늘 우리 삶의 토대를 마련해 주신 분들이기도 합니다. 부모님이 병에 걸리시게 되면 우리 세계가 흔들립니다. 언젠가는 그분들의 죽음을 직면해야 한다는 사실을 누구나 알지만, 받아들이기

쉬운 일이 아닙니다.

오늘 성경 본문은 우리가 부모님의 삶에 적용할 수 있는 약속들로 가득합니다. 이 약속들은 우리로 하여금 과거를 돌아보게 합니다. 부모님은 그간 겪어 왔던 숱한 어려움 속에서 살아남으셨습니다(안 그랬으면 오늘 여기에 계시지 않았을 것입니다). 그 가운데 하나님이 그분들과 함께하셨습니다. 하나님은 부모님이 태어난 후 줄곧 그분들을 등에 업으셨고, 지금도 그분들을 내려놓지 않겠다고 하십니다(3-4절).

이 약속들은 우리 삶에도 적용할 수 있습니다. 부모님을 떠나보내야 할 때, 우리는 줄곧 있었던 안전한 곳, 즉 하나님의 등에서 괜찮을 것입니다. 하나님은 우리를 떨어뜨리지 않으실 것입니다.

● 기도

사랑이 많으신 하나님 아버지, 제 부모님을 하나님께 의탁합니다. 하나님이 그분들을 지금껏 안고 계셨음을 알면서도 제가 그분들을 안으려고 애썼습니다. 제가 부모님께 하나님의 사랑을 보여 줄 수 있게 도와주소서. 그분들의 삶을 지켜 주셔서 감사드립니다.

24

죽음이 두렵습니다

말씀 | 요한복음 11:20-43

20 마르다는 예수께서 오신다는 말을 듣고 곧 나가 맞이하되 마리아는 집에 앉았더라 21 마르다가 예수께 여짜오되 주께서 여기 계셨더라면 내 오라버니가 죽지 아니하였겠나이다 … 23 예수께서 이르시되 네 오라비가 다시 살아나리라 24 마르다가 이르되 마지막 날 부활 때에는 다시 살아날 줄을 내가 아나이다 25 예수께서 이르시되 나는 부활이요 생명이니 나를 믿는 자는 죽어도 살겠고 26 무릇 살아서 나를 믿는 자는 영원히 죽지 아니하리니 이것을 네가 믿느냐 27 이르되 주여 그러하외다 주는 그리스도시요 세상에 오시는 하나님의 아들이신 줄 내가 믿나이다 … 31 마리아와 함께 집에 있어 위로하던 유대인들은 그가 급히 일어나 나가는 것을 보고 곡하러 무덤에 가는 줄로 생각하고 따라가더니 32 마리아가 예수 계신 곳에 가서 뵈옵고 그 발 앞에 엎드리어 이르되 주께서 여기 계셨더라면 내 오라버니가 죽지 아니하였겠나이다 하더라 33 예수께서 그가 우는 것과 또 함께 온 유대인들이 우는 것을 보시고 심령에 비통히 여기시고 불쌍히 여기사 34 이르시되 그를 어디 두었느냐 이르되 주여 와서 보옵소서 하니 35 예수께서 눈물을 흘리시더라 … 41 돌을 옮겨 놓으니 예수께서 눈을 들어 우러러 보시고 이르시되 아버지여 내 말을 들으신 것을 감사하나이다 42 항상 내 말을 들으시는 줄 내가 알았나이다 그러나 이 말씀 하옵는 것은 둘러선 무리를 위함이니 곧 아버지께서 나를 보내신 것을 그들로 믿게 하려 함이니이다 43 이 말씀을 하시고 큰 소리로 나사로야 나오라 부르시니

- **주제 말씀** 예수께서 이르시되 나는 부활이요 생명이니 나를 믿는 자는 죽어도 살겠고 무릇 살아서 나를 믿는 자는 영원히 죽지 아니하리니 이것을 네가 믿느냐(요한복음 11:25-26).

- **생각 열기** • 마르다와 마리아는 예수님이 늦게 오신 것을 당연히 원망해도 된다고 생각했습니다. 당신도 그런 적은 없습니까? '하나님이 개입하셔서 이 일이 일어나지 않게 하셨다면 좋았을 텐데…. 그분은 어디 계셨던 거지?'라고 생각했던 적은 없

The 5-Minute Bible Study for Difficult Times

습니까? 그때 그런 감정을 자유롭게 표현했습니까?
- 예수님은 죽은 나사로를 살리려고 하셨습니다. 그런데 왜 우셨을까요?(35절)

● 묵상 옛날 사람들은 오늘날 우리보다 죽음을 훨씬 더 가까이에서 마주했습니다. 그러나 현대에는 의학이 발전하면서 인간의 수명이 길어졌고, 많은 사람을 죽게 했던 질병들도 고칠 수 있게 되었습니다. 그래서 오늘날 우리는 죽음을 충분히 피할 수 있다고 생각하는 경향이 있습니다. 그러나 전혀 그렇지 않습니다. 죽음은 피할 수 없는 현실입니다. 우리 모두가 직면하는 가장 큰 신비이기에 당연히 두려워할 수밖에 없습니다.
오늘 말씀에서 예수님은 죽음이 실제임을 부인하지 않으십니다. 잠시 후면 자신의 친구를 살리실 예정이지만, 그 죽음이 너무나 실제적이기에 눈물을 흘리십니다. 우리도 죽음이 우리 삶을 스칠 때면 슬퍼하며 눈물을 흘립니다. 그 고통을 피할 수는 없습니다. 하지만 우리는 예수님의 말씀을 들을 수 있습니다. "나는 부활이요 생명이니 나를 믿는 자는 죽어도 살겠고."

● 기도 예수님, 나사로의 죽음을 통해 예수님이 생명과 죽음을 주관하시는 분임을 알게 하시니 감사합니다. 여전히 두렵지만 무슨 일이 일어나건 예수님이 저와 함께하심을 믿습니다.

25

제가 너무 부족한 것 같습니다

말씀 | 고린도후서 12:7-10

7 여러 계시를 받은 것이 지극히 크므로 너무 자만하지 않게 하시려고 내 육체에 가시 곧 사탄의 사자를 주셨으니 이는 나를 쳐서 너무 자만하지 않게 하려 하심이라 8 이것이 내게서 떠나가게 하기 위하여 내가 세 번 주께 간구하였더니 9 나에게 이르시기를 내 은혜가 네게 족하도다 이는 내 능력이 약한 데서 온전하여짐이라 하신지라 그러므로 도리어 크게 기뻐함으로 나의 여러 약한 것들에 대하여 자랑하리니 이는 그리스도의 능력이 내게 머물게 하려 함이라 10 그러므로 내가 그리스도를 위하여 약한 것들과 능욕과 궁핍과 박해와 곤고를 기뻐하노니 이는 내가 약한 그때에 강함이라

- **주제 말씀** 내 은혜가 네게 족하도다 이는 내 능력이 약한 데서 온전하여짐이라 하신지라(고린도후서 12:9).

- **생각 열기**
  - 당신의 "육체의 가시"(7절)는 무엇입니까? 무엇 때문에 자신이 부족하다는 기분이 듭니까?
  - 당신의 연약함 속에서 하나님의 능력을 경험한 적이 있습니까?

- **묵상** 아무리 재능이 많고 솜씨가 좋고 머리가 똑똑할지라도, 누구에게나 자신이 원하는 대로 살지 못하게 하는 약점이 있습니다. 이런 약점은 개인의 삶이나 직업 혹은 영적 삶에 방해가 될지 모릅니다. 그래서 우리는 하나님께 이 약점을 없애 달라고 간청합니다. 하지만 많은 경우 우리 기도는 응답받지 못하는 것 같습니다.
예수님을 따르는 일은 우리가 마법을 부리듯 완벽한 사람이

되는 것을 의미하지 않습니다. 우리는 병이든, 성격의 결함이든, 능력의 부족이든, 어떤 방식으로든 계속 고통받을 것입니다. 우리는 이렇게 생각합니다. '하나님은 나를 사랑하신다면서 왜 이 문제에 개입해 해결해 주지 않으시는 거지? 나에게 복을 주겠다고 반복해서 약속하셨는데 왜 그러시는 거지?' 하지만 때로는 정말 이상하게도 그 문제가 복일 때가 있습니다. 그 문제 때문에 우리에게 하나님이 얼마나 필요한지 알게 됩니다.

● 기도   주님, 저의 이 결함이 없어지길 바랐습니다. 하지만 여전히 있으니 주님께 제 결함을 맡깁니다. 이 모든 결함도 주님이 원하시는 대로 사용하소서. 저를 연약함 속에서 강해지게 하소서.

26

혼자 있는 시간이 필요합니다

말씀 | 마가복음 1:32-39
32 저물어 해 질 때에 모든 병자와 귀신 들린 자를 예수께 데려오니 33 온 동네가 그 문 앞에 모였더라 34 예수께서 각종 병이 든 많은 사람을 고치시며 많은 귀신을 내쫓으시되 귀신이 자기를 알므로 그 말하는 것을 허락하지 아니하시니라 35 새벽 아직도 밝기 전에 예수께서 일어나 나가 한적한 곳으로 가사 거기서 기도하시더니 36 시몬과 및 그와 함께 있는 자들이 예수의 뒤를 따라가 37 만나서 이르되 모든 사람이 주를 찾나이다 38 이르시되 우리가 다른 가까운 마을들로 가자 거기서도 전도하리니 내가 이를 위하여 왔노라 하시고 39 이에 온 갈릴리에 다니시며 그들의 여러 회당에서 전도하시고 또 귀신들을 내쫓으시더라

- **주제 말씀** 　새벽 아직도 밝기 전에 예수께서 일어나 나가 한적한 곳으로 가사 거기서 기도하시더니(마가복음 1:35).

- **생각 열기** 　• 예수님의 삶에 많은 일이 일어났지만, 그 모든 일이 복음서에 기록되지는 않았습니다. 그러므로 복음서에 기록된 내용은 뭔가 이유가 있다는 것을 추측할 수 있습니다. 왜 복음서 저자들은 예수님이 혼자 있기 위해 시간을 내셨다는 점을 반복해서 말하는 것일까요?
　• 예수님이 혼자 계신 시간과 사역하신 시간은 어떤 관계가 있다고 생각합니까?

- **묵상** 　복음서들은 예수님이 엄청나게 바쁘게 사셨다고 분명히 말합니다. 예수님은 제자들과 함께 계속해서 이곳저곳을 다니셨습니다. 항상 많은 사람이 따라다니며 예수님의 관심을 받으려고 그분을 에워쌌습니다.

병에 걸린 사람들을 고치느라 바쁜 하루를 보내고, 내일도 똑같이 바쁜 날이 될 것을 아셨기에 예수님은 잠을 충분히 주무셔야 했을 것입니다. 하지만 예수님은 혼자 있는 시간 또한 필요하다는 것을 아셨기에 아침 일찍 일어나 그런 시간을 가지셨습니다.

바쁘게 살다 보면 혼자 있는 시간을 갖지 못할 때가 많습니다. 그럴 시간이 없다고 생각합니다. 바쁜 일이 다 끝나야 혼자 있는 시간을 낼 수 있다고 생각합니다. 그러나 예수님은 바쁘면 바쁠수록 혼자만의 시간을 더 가져야 한다는 본을 보여 주셨습니다. 그렇게 홀로 보내는 시간이 없으면 우리는 주님의 일을 감당할 힘을 얻을 수 없을 것입니다.

● 기도

예수님, 주님과만 함께하는 시간이 있어야 한다는 사실을 잊지 않게 도와주소서. 예수님 없이는 바쁜 나날들을 감당할 수 없습니다.

27

제가 어리석다고 느껴집니다

말씀 | 갈라디아서 1:10-24

10 이제 내가 사람들에게 좋게 하랴 하나님께 좋게 하랴 사람들에게 기쁨을 구하랴 내가 지금까지 사람들의 기쁨을 구하였다면 그리스도의 종이 아니니라 11 형제들아 내가 너희에게 알게 하노니 내가 전한 복음은 사람의 뜻을 따라 된 것이 아니니라 12 이는 내가 사람에게서 받은 것도 아니요 배운 것도 아니요 오직 예수 그리스도의 계시로 말미암은 것이라 13 내가 이전에 유대교에 있을 때에 행한 일을 너희가 들었거니와 하나님의 교회를 심히 박해하여 멸하고 14 내가 내 동족 중 여러 연갑자보다 유대교를 지나치게 믿어 내 조상의 전통에 대하여 더욱 열심이 있었으나 15 그러나 내 어머니의 태로부터 나를 택정하시고 그의 은혜로 나를 부르신 이가 16 그의 아들을 이방에 전하기 위하여 그를 내 속에 나타내시기를 기뻐하셨을 때에 내가 곧 혈육과 의논하지 아니하고 17 또 나보다 먼저 사도 된 자들을 만나려고 예루살렘으로 가지 아니하고 아라비아로 갔다가 다시 다메섹으로 돌아갔노라 18 그 후 삼 년 만에 내가 게바를 방문하려고 예루살렘에 올라가서 그와 함께 십오 일을 머무는 동안 19 주의 형제 야고보 외에 다른 사도들을 보지 못하였노라 20 보라 내가 너희에게 쓰는 것은 하나님 앞에서 거짓말이 아니로다 21 그 후에 내가 수리아와 길리기아 지방에 이르렀으나 22 그리스도 안에 있는 유대의 교회들이 나를 얼굴로는 알지 못하고 23 다만 우리를 박해하던 자가 전에 멸하려던 그 믿음을 지금 전한다 함을 듣고 24 나로 말미암아 하나님께 영광을 돌리니라

- **주제 말씀** 이제 내가 사람들에게 좋게 하랴 하나님께 좋게 하랴 사람들에게 기쁨을 구하랴 내가 지금까지 사람들의 기쁨을 구하였다면 그리스도의 종이 아니니라(갈라디아서 1:10).

- **생각 열기**
  - 바울이 예전에 했던 행동은 단순히 어리석은 정도가 아니었습니다. 당신이 만일 그였다면, 그런 행동을 하고도 믿음의 사도로서 사람들 앞에 나설 용기가 있었겠습니까?
  - 어리석은 짓을 한 것 같아 하나님의 일을 하기가 꺼려집니

까? 왜 그런 생각이 듭니까?

- **묵상**

  우리는 자신을 어리석다고 느낄 때가 있습니다. 하지 말아야 할 일을 했을 때 그럴 것입니다. 자신을 어리석다고 여기면 아무것도 하고 싶지 않게 됩니다. 관심받는 것을 주저하게 됩니다(사실 쥐구멍이라도 있으면 들어가 버리고 싶은 심정일 것입니다). 하지만 아무리 애써도 이미 일어난 일은 되돌릴 수 없습니다. 다른 사람들은 그 일을 다 잊어도 나는 잊을 수가 없습니다.

  바울이 초대 교회에 했던 행동은 단순히 어리석은 정도가 아니었습니다. 폭력적이고 혐오스러웠습니다. 그러나 그는 이제 그리스도의 종이 되었기에, 다른 사람들이 그를 어떻게 생각하는지에 대한 염려를 벗어 버려야 했습니다.

  물론 쉽지 않은 일입니다! 하지만 우리도 바울처럼 예수님을 섬기도록 하나님께 부름 받았기에, 어리석다는 생각을 내려놓고 예수님을 기쁘시게 하는 데 집중해야 합니다. 그분의 의견만이 중요합니다.

- **기도**

  예수님, 제가 예수님의 종임을 계속 일깨워 주소서. 다른 사람들이 저를 어떻게 생각하든 신경 쓰지 않게 하소서. 예수님을 기쁘게 해드리고 싶습니다. 제가 아무리 어리석다 해도 다른 사람들이 저를 보며 예수님을 찬양하게 되었으면 좋겠습니다.

28

스트레스를 감당할 수 없습니다

말씀 | 시편 55:6-8, 16-17, 22

6 나는 말하기를 만일 내게 비둘기같이 날개가 있다면 날아가서 편히 쉬리로다 7 내가 멀리 날아가서 광야에 머무르리로다 (셀라) 8 내가 나의 피난처로 속히 가서 폭풍과 광풍을 피하리라 하였도다 16 나는 하나님께 부르짖으리니 여호와께서 나를 구원하시리로다 17 저녁과 아침과 정오에 내가 근심하여 탄식하리니 여호와께서 내 소리를 들으시리로다 22 네 짐을 여호와께 맡기라 그가 너를 붙드시고 의인의 요동함을 영원히 허락하지 아니하시리로다

- **주제 말씀** 네 짐을 여호와께 맡기라 그가 너를 붙드시고(시편 55:22).

- **생각 열기**
  - 삶의 짐에서 벗어나 새처럼 훨훨 날아가 버리고 싶을 때가 있었습니까? 어떤 상황들이 그런 감정을 느끼게 만듭니까?
  - 당신의 짐을 어떻게 실질적으로 주님께 맡길 수 있겠습니까? 어떤 행동을 해야 합니까?
  - 삶에서 스트레스가 심해질 때, 알람을 맞춰 잠시 기도하면 어떻겠습니까?

- **묵상** 오늘 성경 말씀에서 시편 기자는 대부분의 사람이 한두 번은 경험해 보았을 감정을 표현하고 있습니다. '아, 이 삶에서 벗어날 수 있으면 좋겠다! 나에게 아무것도 기대하지 않는 조용하고 안전한 곳에서 혼자 있을 수 있다면 얼마나 좋을까!' 바쁜 일상에서도 혼자만의 시간을 갖는 것은 중요하지만, 매일 맞닥뜨리는 스트레스와 중압감으로부터 온전히 벗어나기란 불가능합니다. 이 시편 기자도 감당해야 하는 일들로부터 벗

The 5-Minute Bible Study for Difficult Times

어날 수 없었던 것이 분명해 보입니다.

시편 기자는 현실을 도피하기보다 다른 방법을 우리에게 보여 줍니다. 그는 일상 속에서("저녁과 아침과 정오에"[17절]) 하나님께 도움을 요청했습니다. 스트레스를 감당할 수 없을 때, 우리도 그의 본을 따를 필요가 있습니다. 하나님께 부르짖기 위해 혼자 있을 때까지 기다려야 하는 것은 아닙니다. 우리 스트레스를 하나님 손에 맡기는 일은 1분이면 됩니다. 아무리 바빠도 온종일 반복해서 하나님께 맡길 수 있습니다.

● **기도**   강하신 주님, 주님께 제 스트레스를 맡깁니다. 감당해야 할 숱한 일들 속에서도 가벼움을 느끼게 하소서.

29

완전히 지쳤습니다

말씀 | 이사야 40:28-31
28 너는 알지 못하였느냐 듣지 못하였느냐 영원하신 하나님 여호와, 땅끝까지 창조하신 이는 피곤하지 않으시며 곤비하지 않으시며 명철이 한이 없으시며 29 피곤한 자에게는 능력을 주시며 무능한 자에게는 힘을 더하시나니 30 소년이라도 피곤하며 곤비하며 장정이라도 넘어지며 쓰러지되 31 오직 여호와를 앙망하는 자는 새 힘을 얻으리니 독수리가 날개 치며 올라감 같을 것이요 달음박질하여도 곤비하지 아니하겠고 걸어가도 피곤하지 아니하리로다

- **주제 말씀** 오직 여호와를 앙망하는 자는 새 힘을 얻으리니 독수리가 날개 치며 올라감 같을 것이요 달음박질하여도 곤비하지 아니하겠고 걸어가도 피곤하지 아니하리로다(이사야 40:31).

- **생각 열기**
  - 지쳐 버린 데 대해 죄책감을 느낀 적이 있습니까? 오늘 성경 말씀은 우리가 지치는 것은 너무나 자연스러운 일임을 보여 줍니다.
  - 원하는 모든 일을 해낼 힘이 있다면 하나님을 의지하지 않게 될 거라고 생각해 본 적이 있습니까? 우리의 연약함은 우리에게 하나님이 필요하다는 사실을 일깨워 줍니다.

- **묵상** 살다 보면 지칠 수 있습니다. 어린 자녀를 키워야 하는 부모든, 회의 일정이 꽉 잡힌 바쁜 직장인이든, 퇴직했지만 할 일이 태산인 사람이든, 누구나 더 이상 일할 힘이 없다고 느낄 때가 있습니다.
  하지만 해야 합니다. 삶을 단순화하고 불필요한 일을 걸러 내

도, 어쩔 수 없이 꼭 해야 하는 일들이 있습니다. 어린 자녀와 연로한 부모님은 돌봄이 필요합니다. 일하도록 고용되었다면 반드시 해야 하는 일들이 있습니다. 식사도 준비해야 하고, 집도 청소해야 하고, 심부름도 해야 합니다. 피곤해도 삶은 계속됩니다.

인간은 태초부터 연약함을 경험해 왔습니다. 그리고 그 오랜 시간 하나님은 그분의 힘을 주겠다고 약속하셨습니다. 하나님은 말씀하십니다. "나를 믿어라. 내가 무거운 짐을 들어 주겠다. 나는 네 모든 힘의 근원이다. 오늘 너의 삶에 필요한 것을 내가 주겠다."

● 기도   능력과 사랑을 주시는 하나님, 저를 이렇게 아껴 주시니 감사합니다. 제가 얼마나 지쳤는지 하나님은 아십니다. 하나님은 다 아시고 저를 도와주고 싶어 하십니다. 그래서 오늘도 하나님께 의지합니다. 하나님의 날개를 타고 저 위로 날아오르고 싶습니다.

30

무력감을 느낍니다

말씀 | 요한복음 15:1-8

1 나는 참포도나무요 내 아버지는 농부라 2 무릇 내게 붙어 있어 열매를 맺지 아니하는 가지는 아버지께서 그것을 제거해 버리시고 무릇 열매를 맺는 가지는 더 열매를 맺게 하려 하여 그것을 깨끗하게 하시느니라 3 너희는 내가 일러준 말로 이미 깨끗하여졌으니 4 내 안에 거하라 나도 너희 안에 거하리라 가지가 포도나무에 붙어 있지 아니하면 스스로 열매를 맺을 수 없음같이 너희도 내 안에 있지 아니하면 그러하리라 5 나는 포도나무요 너희는 가지라 그가 내 안에, 내가 그 안에 거하면 사람이 열매를 많이 맺나니 나를 떠나서는 너희가 아무 것도 할 수 없음이라 6 사람이 내 안에 거하지 아니하면 가지처럼 밖에 버려져 마르나니 사람들이 그것을 모아다가 불에 던져 사르느니라 7 너희가 내 안에 거하고 내 말이 너희 안에 거하면 무엇이든지 원하는 대로 구하라 그리하면 이루리라 8 너희가 열매를 많이 맺으면 내 아버지께서 영광을 받으실 것이요 너희는 내 제자가 되리라

- **주제 말씀** 내 안에 거하라 나도 너희 안에 거하리라 가지가 포도나무에 붙어 있지 아니하면 스스로 열매를 맺을 수 없음같이 너희도 내 안에 있지 아니하면 그러하리라(요한복음 15:4).

- **생각 열기**
  - 예수님 안에 거한다는 것은 어떤 모습일까요?
  - 당신이 무력감을 느끼는 이유는 무엇입니까? 예수님께 붙어 있지 않은 채 열매를 맺으려고 해서는 아닙니까?
  - 예수님은 오늘 말씀에서 가지치기를 해야 더 많은 열매를 맺을 수 있다고 하십니다. 예수님이 당신을 가지치기하셨다고 느낍니까? 어떤 방식으로 하셨습니까?
  - 가지치기가 부정적이고 고통스러운 경험으로 생각됩니까? 예수님은 오늘 본문 말씀에서 어떻게 말씀하십니까?

The 5-Minute Bible Study for Difficult Times

- 묵상

하나님은 성경에서 반복해서 이렇게 말씀하십니다. "자기 멋대로 하려는 시도를 멈춰라. 내가 너희의 삶에서 놀라운 일을 행하겠다. 그러려면 너희가 내 길을 막아서는 안 된다!"
우리는 때로 무력감을 느낍니다. 우리는 원래 그런 존재이기 때문입니다. 아무리 노력해도 우리에게는 특정 상황을 바꿀 능력이 없습니다. 매일 힘을 다해 밀고 당기기를 해도 우리가 완전히 성취할 수 있는 것은 없을 것입니다. 얼마나 절망스럽습니까!
하지만 예수님은 그렇게 사는 것은 자연스럽지 않은 일이라고 하십니다. 그것은 마치 가지가 포도나무에서 잘린 후에 스스로 열매 맺을 수 있다고 생각하는 것과 같습니다. 절대 그런 일은 일어날 수 없습니다. 우리가 본래 지음 받은 방식은 예수님 안에 거하며 그분의 생명이 우리 안으로 흘러 들어와 세상 속으로 흘러 나가도록 하는 것입니다.

- 기도

예수님, 이 상황이 얼마나 저를 무력하게 만드는지 아시지요. 예수님이 이 상황을 다스리시도록 제가 이 상황을 통제하려는 시도를 멈추게 도와주소서. 제가 예수님 안에 거하여 예수님이 제 안에 거하실 수 있기를 원합니다.

31

소망이 없습니다

말씀 | 스가랴 9:9-12

9 시온의 딸아 크게 기뻐할지어다 예루살렘의 딸아 즐거이 부를지어다 보라 네 왕이 네게 임하시나니 그는 공의로우시며 구원을 베푸시며 겸손하여서 나귀를 타시나니 나귀의 작은 것 곧 나귀 새끼니라 10 내가 에브라임의 병거와 예루살렘의 말을 끊겠고 전쟁하는 활도 끊으리니 그가 이방 사람에게 화평을 전할 것이요 그의 통치는 바다에서 바다까지 이르고 유브라데 강에서 땅끝까지 이르리라 11 또 너로 말할진대 네 언약의 피로 말미암아 내가 네 갇힌 자들을 물 없는 구덩이에서 놓았나니 12 갇혀 있으나 소망을 품은 자들아 너희는 요새로 돌아올지니라 내가 오늘도 이르노라 내가 네게 갑절이나 갚을 것이라

- 주제 말씀   갇혀 있으나 소망을 품은 자들아 너희는 요새로 돌아올지니라 내가 오늘도 이르노라 내가 네게 갑절이나 갚을 것이라(스가랴 9:12).

- 생각 열기   • 소망이 없다고 느낄 때, 어떻게 해야 "갇혀 있으나 소망을 품은 자"가 되겠습니까? 풀려난다는 것이 당신에게는 어떤 의미입니까?
  • 주제 말씀에서 말한 "요새"는 무엇이라고 생각합니까? 당신의 삶에서, 돌아가 안전하게 거할 "요새"는 무엇입니까?

- 묵상   때로 삶에 소망이 없어 보일 때가 있습니다. 개인적으로 문제가 생겨서 그럴 수도 있고, 그냥 세상 돌아가는 일을 보면 정말 소망이 없다고 느껴질 때가 있습니다. 아무리 애를 써도 해결책이 없어 보입니다.
  이런 일이 일어날 때면 더 이상 소망을 갖는 것이 두려워집니

The 5-Minute Bible Study for Difficult Times

다. 소망이 무참히 짓밟힌 경험을 하다 보니 소망하는 것 자체가 고통스럽습니다. 그래서 소망이 감옥같이 느껴집니다. 우리에게 용기를 주는 긍정적인 것이 아니라, 현실을 보지 못하게 막는 굴레처럼 다가옵니다.

하지만 성경이 말하는 소망은 단순히 어떤 일이 우리가 원하는 방식대로 이루어지기를 원하는 것이 아닙니다. 성경이 말하는 소망은 아무리 상황이 나빠 보여도 하나님이 그 뒤에서 일하시며, 우리 스스로 이룰 수 있는 것보다 훨씬 더 좋게 일하신다는 사실을 확신하고 기대하는 것입니다. 그 결과는 우리가 원하던 것이 아닐 수도 있습니다. 하지만 결국에는 갑절이나 더 좋은 것이 되리라고 하나님은 말씀하십니다.

- **기도**   소망의 하나님, 소망을 붙들기 너무 힘든 이때에 안전하게 거할 하나님의 요새를 보여 주소서. 스스로 해결책을 찾으려는 노력을 멈추고 하나님이 행하시길 기다리겠습니다. 제 소망은 오직 하나님께 있습니다.

32

자녀 때문에 화가 납니다

말씀 | 에베소서 4:1-6

1 그러므로 주 안에서 갇힌 내가 너희를 권하노니 너희가 부르심을 받은 일에 합당하게 행하여 2 모든 겸손과 온유로 하고 오래 참음으로 사랑 가운데서 서로 용납하고 3 평안의 매는 줄로 성령이 하나 되게 하신 것을 힘써 지키라 4 몸이 하나요 성령도 한 분이시니 이와 같이 너희가 부르심의 한 소망 안에서 부르심을 받았느니라 5 주도 한 분이시요 믿음도 하나요 세례도 하나요 6 하나님도 한 분이시니 곧 만유의 아버지시라 만유 위에 계시고 만유를 통일하시고 만유 가운데 계시도다

- **주제 말씀**: 그러므로 주 안에서 갇힌 내가 너희를 권하노니 너희가 부르심을 받은 일에 합당하게 행하여 모든 겸손과 온유로 하고 오래 참음으로 사랑 가운데서 서로 용납하고(에베소서 4:1-2).

- **생각 열기**:
  - 부모가 된다는 것은 겸손해지는 일이라고 생각한 적이 있습니까? 겸손이 부족해서 자녀를 키우다 좌절합니까?
  - 자녀는 그리스도 몸의 지체로서 함께 성령의 열매를 나눠 가진 존재라고 생각합니까? 의식적으로 이런 생각을 붙들 때 당신의 태도는 어떻게 변하겠습니까?
  - 바울은 이 말을 하면서 자신이 감옥에 있다는 사실을 왜 독자들에게 상기시킬까요? 부모로서의 삶이 벗어나고 싶은 감옥이라고 느낍니까?

- **묵상**: 부모가 된다는 것은 어려운 일입니다. 사실 우리가 경험할 수 있는, 최고로 어렵고 좌절되고 화나는 일 중 하나일 것입니다. 아이들은 끝없이 우리의 시간과 관심을 요구합니다. 우리는

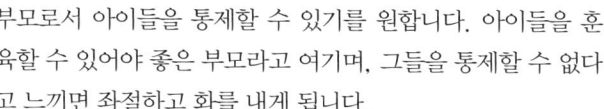

부모로서 아이들을 통제할 수 있기를 원합니다. 아이들을 훈육할 수 있어야 좋은 부모라고 여기며, 그들을 통제할 수 없다고 느끼면 좌절하고 화를 내게 됩니다.

물론 사랑으로 훈육하여 우리 자녀를 책임감 있는 어른으로 성장시키는 것이 우리의 일은 맞습니다. 그러나 다른 어른에게 요구하는 방식으로 아이들에게 요구해서는 안 됩니다. 이제 막 태어난 아기에게 한밤중에 깨우지 말라고 말할 수는 없습니다. 이제 걸음마를 뗀 아이에게 질문 좀 그만하라고 요구할 수는 없습니다. 사춘기 자녀에게 감정적인 행동을 하지 말라고 할 수는 없습니다.

우리가 할 수 있는 일은 바울의 충고를 따르는 것입니다. 겸손하고 온유하며 인내와 사랑으로 너그럽게 대하고, 좋은 부모가 되기 위해 최선을 다하는 것입니다. 이는 하나님이 우리에게 하신 일입니다.

- **기도**   하나님 아버지, 자녀가 저를 화나게 할 때, 그들도 하나님의 사랑과 생명을 받은 자들임을 기억하게 하소서. 하나님이 보여 주신 사랑 넘치는 보살핌을 그들에게 보여 줄 수 있도록 저를 사용하소서.

33

가족 때문에 화가 납니다

말씀 | 에베소서 4:23-32

23 오직 너희의 심령이 새롭게 되어 24 하나님을 따라 의와 진리의 거룩함으로 지으심을 받은 새사람을 입으라 25 그런즉 거짓을 버리고 각각 그 이웃과 더불어 참된 것을 말하라 이는 우리가 서로 지체가 됨이라 26 분을 내어도 죄를 짓지 말며 해가 지도록 분을 품지 말고 27 마귀에게 틈을 주지 말라 28 도둑질하는 자는 다시 도둑질하지 말고 돌이켜 가난한 자에게 구제할 수 있도록 자기 손으로 수고하여 선한 일을 하라 29 무릇 더러운 말은 너희 입 밖에도 내지 말고 오직 덕을 세우는 데 소용되는 대로 선한 말을 하여 듣는 자들에게 은혜를 끼치게 하라 30 하나님의 성령을 근심하게 하지 말라 그 안에서 너희가 구원의 날까지 인치심을 받았느니라 31 너희는 모든 악독과 노함과 분냄과 떠드는 것과 비방하는 것을 모든 악의와 함께 버리고 32 서로 친절하게 하며 불쌍히 여기며 서로 용서하기를 하나님이 그리스도 안에서 너희를 용서하심과 같이 하라

- **주제 말씀** 분을 내어도 죄를 짓지 말며 해가 지도록 분을 품지 말고(에베소서 4:26).

- **생각 열기**
  - 신약 성경에는 우리가 그리스도의 몸 안에서 어떻게 다른 사람과 관계를 맺어야 하는지에 대해 말하는 구절이 많습니다. 이 말씀들이 가족 구성원들과의 관계에도 적용된다고 생각해 본 적이 있습니까?
  - 죄를 짓지 않으면서 분노를 다루려면 어떻게 해야 하겠습니까? 바울이 왜 이런 충고를 한다고 생각합니까?

- **묵상** 당신을 화나게 하는 사람이 어머니나 시어머니, 여동생일 수 있습니다. 아니면 다른 가족 구성원일 수도 있습니다. 대부분의 사람이 가까운 가족 때문에 화가 나는 일을 겪게 됩니다.

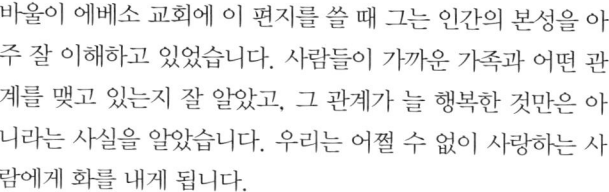

바울이 에베소 교회에 이 편지를 쓸 때 그는 인간의 본성을 아주 잘 이해하고 있었습니다. 사람들이 가까운 가족과 어떤 관계를 맺고 있는지 잘 알았고, 그 관계가 늘 행복한 것만은 아니라는 사실을 알았습니다. 우리는 어쩔 수 없이 사랑하는 사람에게 화를 내게 됩니다.

하지만 바울은 그러한 화가 죄로 연결되지 말아야 한다는 것을 상기시킵니다. 화를 내더라도 상대의 감정을 상하게 해서는 안 됩니다. 대신 우리는 매일 가족들과 관계를 맺으면서 하나님이 지으신 "새사람"을 입어 "마음을 새롭게 해야" 합니다 (23-24절).

● 기도 주님, 제가 이 가족을 좀 더 참을 수 있게 하소서. 하나님이 저에게 하신 것처럼 그의 허물을 용서하고, 더 친절하고 더 불쌍히 여기게 하소서(32절).

34

배우자 때문에 화가 납니다

말씀 | 고린도전서 13:4-7

4 사랑은 오래 참고 사랑은 온유하며 시기하지 아니하며 사랑은 자랑하지 아니하며 교만하지 아니하며 5 무례히 행하지 아니하며 자기의 유익을 구하지 아니하며 성내지 아니하며 악한 것을 생각하지 아니하며 6 불의를 기뻐하지 아니하며 진리와 함께 기뻐하고 7 모든 것을 참으며 모든 것을 믿으며 모든 것을 바라며 모든 것을 견디느니라

- **주제 말씀** 사랑은 오래 참고 사랑은 온유하며 시기하지 아니하며 사랑은 자랑하지 아니하며 교만하지 아니하며(고린도전서 13:4).

- **생각 열기**
  - 가장 최근에 배우자 때문에 화가 났던 일을 떠올려 보십시오. 거기에 당신의 이기심이 작용하지는 않았습니까? 당신의 생각을 고집하지는 않았는지요?
  - 5절에서 "악한 것을 생각하지 아니하며"라고 하는데, 이것이 무슨 의미라고 생각합니까? 배우자가 저지른 잘못을 마음에 쌓아 두고 있지는 않습니까?

- **묵상** 가장 사랑하는 사람이 우리를 가장 화나게 할 수 있습니다. 우리 신경을 거스르다 못해 그들의 작은 습관마저 우리를 짜증나게 합니다. 우리 감정을 상하게 합니다. 우리는 매일, 매주 그들의 이런 행동을 마음에 차곡차곡 쌓아 두었다가, 그들에게 상처 주는 행동을 할 때 합리화의 수단으로 삼습니다. 배우자가 이런저런 일을 했기 때문에 우리도 이런저런 일을 할 권리가 있다고 주장하는 것입니다.

The 5-Minute Bible Study for Difficult Times

다행히도 하나님은 우리를 그렇게 대하지 않으십니다. 하나님은 진짜 사랑이 어떤 것인지 우리에게 보여 주십니다. 오래 참고 온유하며 이기적이지 않고 견디는 사랑입니다. 하나님은 우리가 저지른 잘못을 하나하나 끄집어내지 않으십니다. 그것으로 우리를 공격하지 않으십니다. 하나님은 우리가 행한 진실하고 아름다운 일들을 기뻐하시는 분입니다.

하나님이 우리를 사랑하신 방식으로 우리도 배우자를 사랑한다면 우리의 결혼 생활은 어떻게 달라질까요?

● 기도

사랑의 주님, 제 배우자가 했던 선하고 진실한 사랑의 행동을 모두 기억하게 하소서. 저를 화나게 하고 상처 입힌 행동은 더 참을 수 있게 하소서. 온유할 수 있는 힘을 주소서.

35

삶이 너무 버겁습니다

말씀 | 야고보서 1:2-6

2 내 형제들아 너희가 여러 가지 시험을 당하거든 온전히 기쁘게 여기라 3 이는 너희 믿음의 시련이 인내를 만들어 내는 줄 너희가 앎이라 4 인내를 온전히 이루라 이는 너희로 온전하고 구비하여 조금도 부족함이 없게 하려 함이라 5 너희 중에 누구든지 지혜가 부족하거든 모든 사람에게 후히 주시고 꾸짖지 아니하시는 하나님께 구하라 그리하면 주시리라 6 오직 믿음으로 구하고 조금도 의심하지 말라 의심하는 자는 마치 바람에 밀려 요동하는 바다 물결 같으니

- **주제 말씀** 이는 너희 믿음의 시련이 인내를 만들어 내는 줄 너희가 앎이라 (야고보서 1:3).

- **생각 열기**
  - 삶에서 만나는 여러 가지 문제를 어떻게 하면 기쁨으로 여길 수 있을까요?(2절) 당신이 감당하기에는 너무 힘든 일 같습니까?
  - 더 큰 지혜를 얻게 된다면(5절) 문제 속에 섞여 있는 기쁨을 더 잘 볼 수 있을 것 같습니까?

- **묵상** 성경은 때로 우리에게 너무 많은 요구를 하는 것처럼 보입니다. 문제를 기쁨으로 여기라는 것(2절)이 아마 그중 최고가 아닐까요!
오늘 본문 말씀에서 야고보는 우리에게 다른 관점을 가지라고 말합니다. 문제를 만나면 우리는 소중히 여기는 것들, 예를 들면 자존심, 돈, 사랑하는 사람과의 연대 같은 것들을 빼앗기지는 않을까 위협을 느낍니다. 이런 것들을 소중히 여기는 것은

The 5-Minute Bible Study for Difficult Times

당연한 일입니다. 그러나 우리의 신뢰를 하나님이 아닌 이런 것들에 두면, 우리는 늘 불안할 수밖에 없습니다. 삶의 여러 변화가 우리를 이리저리 뒤흔들기 때문입니다(6절).

하지만 하나님의 참된 보호 가운데 있으면, 우리는 흔들리지 않을 수 있습니다. 고통이 있어도 여전히 하나님의 기쁨을 누릴 수 있습니다. 또한 더 큰 힘과 인내를 얻을 수 있습니다.

● 기도   하나님, 지금은 제 삶이 참 감당하기 어려워 보입니다. 이런 어려움을 기쁨으로 여기도록 도와주소서. 하나님을 신뢰할 때, 하나님이 저를 강하게 하사 어떤 어려움도 이겨 내게 하신다는 사실을 기억하게 하소서.

36

감정이 상했습니다

말씀 | 에베소서 6:10-18

10 끝으로 너희가 주 안에서와 그 힘의 능력으로 강건하여지고 11 마귀의 간계를 능히 대적하기 위하여 하나님의 전신 갑주를 입으라 12 우리의 씨름은 혈과 육을 상대하는 것이 아니요 통치자들과 권세들과 이 어둠의 세상 주관자들과 하늘에 있는 악의 영들을 상대함이라 13 그러므로 하나님의 전신 갑주를 취하라 이는 악한 날에 너희가 능히 대적하고 모든 일을 행한 후에 서기 위함이라 14 그런즉 서서 진리로 너희 허리띠를 띠고 의의 호심경을 붙이고 15 평안의 복음이 준비한 것으로 신을 신고 16 모든 것 위에 믿음의 방패를 가지고 이로써 능히 악한 자의 모든 불화살을 소멸하고 17 구원의 투구와 성령의 검 곧 하나님의 말씀을 가지라 18 모든 기도와 간구를 하되 항상 성령 안에서 기도하고 이를 위하여 깨어 구하기를 항상 힘쓰며 여러 성도를 위하여 구하라

- **주제 말씀** 너희가 주 안에서와 그 힘의 능력으로 강건하여지고 마귀의 간계를 능히 대적하기 위하여 하나님의 전신 갑주를 입으라(에베소서 6:10-11).

- **생각 열기**
  - 감정이 상할 때, 영적 영역 배후에서 어떤 일이 일어나고 있을 거라고 생각해 본 적이 있습니까? 사탄은 어떻게 당신의 상한 감정을 이용해 세상 속에 악의 세력을 확장하려고 할까요?
  - 당신을 기분 나쁘게 한 사람을 적이라고 생각합니까? 당신의 싸움은 한 개인과 하는 것이 아니라 더 큰 영적 실재와 하는 것임을 압니까?

- **묵상** 우리가 아끼는 사람들은 우리 감정을 상하게 할 수 있습니다. 의도했든 의도하지 않았든, 그들은 우리 감정을 상하게 할 것

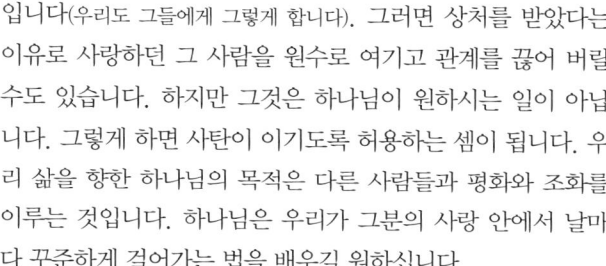

입니다(우리도 그들에게 그렇게 합니다). 그러면 상처를 받았다는 이유로 사랑하던 그 사람을 원수로 여기고 관계를 끊어 버릴 수도 있습니다. 하지만 그것은 하나님이 원하시는 일이 아닙니다. 그렇게 하면 사탄이 이기도록 허용하는 셈이 됩니다. 우리 삶을 향한 하나님의 목적은 다른 사람들과 평화와 조화를 이루는 것입니다. 하나님은 우리가 그분의 사랑 안에서 날마다 꾸준하게 걸어가는 법을 배우길 원하십니다.

기분 상하는 일이 생겼을 때, 우리는 쓰라림과 분노라는 사탄의 녹슨 방패가 아닌 사랑이라는 하나님의 빛나는 갑옷으로 우리 자신을 보호해야 합니다. 그래서 오늘 말씀은 깨어서 서로를 위해 기도하라(18절)고 상기시킵니다. 하나님의 말씀과 성령이 우리를 보호하실 것입니다.

● 기도   주님, 제가 받은 상처를 아시지요. 하지만 주님의 능력 안에서 저를 강건하게 해주시길 기도합니다. 주님의 진리의 허리띠를 허리에 매고, 의의 호심경을 붙이고, 평화의 신을 신고, 믿음의 방패를 굳게 잡게 하소서.

37

미래가 두렵습니다

말씀 | 시편 139:3-15, 현대인의성경

3 내가 일하고 쉬는 것을 다 보고 계시며 나의 모든 행동을 잘 알고 계십니다. 4 여호와여, 주는 내가 말하기도 전에 내가 할 말을 다 아십니다. 5 주는 나를 사방에서 포위하시며 주의 손으로 나를 붙들고 계십니다. 6 이와 같은 주의 지식은 너무 깊어서 내가 이해할 수 없습니다. 7 내가 주를 떠나 어디로 갈 수 있으며 주 앞에서 어디로 피할 수 있겠습니까? 8 내가 하늘에 올라가도 주는 거기 계시며 내가 하계에 가서 누워도 주는 거기 계십니다. 9 내가 새벽 날개를 타고 바다 저편 가장 먼 곳에 가서 살지라도 10 주는 거기서도 나를 인도하시고 주의 오른손으로 나를 붙드실 것입니다. 11 내가 만일 "흑암이 나를 덮고 나를 두른 빛이 밤이 되리라" 할지라도 12 주에게는 흑암이 어둡지 않을 것이며 밤도 대낮처럼 밝을 것입니다. 주에게는 흑암과 빛이 마찬가지이기 때문입니다. 13 주는 내 몸의 모든 기관을 만드시고 어머니의 태에서 나를 베 짜듯이 지으셨습니다. 14 내가 이처럼 놀랍고 신기하게 만들어졌으니 주를 찬양합니다. 주의 솜씨가 얼마나 훌륭한지 나는 잘 알고 있습니다. 15 내가 보이지 않는 어머니 태에서 만들어지고 있을 그때에도 주는 내 형체를 보고 계셨습니다.

- **주제 말씀**   주는 나를 사방에서 포위하시며 주의 손으로 나를 붙들고 계십니다(시편 139:5, 현대인의성경).

- **생각 열기**
  - 당신이 어머니의 태에 잉태된 그 순간부터 하나님은 당신과 늘 함께하셨습니다. 이 사실이 미래를 더욱 확신 있게 맞이하는 데 도움이 됩니까?
  - 하나님은 과거와 현재와 미래를 다스릴 능력이 있으십니다. 이 사실을 확실히 믿습니까? 하나님이 당신과 늘 함께하신다는 사실을 진심으로 믿을 때, 당신의 감정에 어떤 변화가 일어날 것 같습니까?

The 5-Minute Bible Study for Difficult Times

● 묵상   마거릿 와이즈 브라운이 쓴 『엄마, 난 도망갈 거야』(The Runaway Bunny)라는 동화책을 보면, 오늘 성경 말씀 첫 구절과 비슷한 상황이 나옵니다. 아기 토끼는 엄마의 사랑에서 벗어날 수 있는 상황들을 늘 생각합니다. 자신이 새가 되거나 물고기가 되거나 혹은 작은 배가 되는 상상을 하는데, 그럴 때마다 엄마 토끼는 그가 무엇이 되든, 어디로 가든 각 상황에 맞는 방식으로 함께 있어 주겠다고 확신을 줍니다.
우리를 향한 하나님의 사랑도 엄마 토끼가 보여 준 것과 같습니다. 미래에 우리에게 어떤 일이 일어나든, 우리가 어디로 가고 어떤 모습이 되든 하나님은 모든 상황 가운데 함께하실 것입니다. 하나님은 우리의 과거를 보듯 우리의 미래도 분명히 보고 계십니다. 그리고 우리보다 앞서 이미 그곳에서 우리를 기다리고 계십니다.

● 기도   사랑의 성령님, 성령님이 계시지 않는 곳으로 미래가 저를 이끌 수 없으니 정말 감사합니다.

38

저를 이해해 주는 사람이 있었으면 좋겠습니다

말씀 | 시편 139:1-2
1 여호와여 주께서 나를 살펴보셨으므로 나를 아시나이다 2 주께서 내가 앉고 일어섬을 아시고 멀리서도 나의 생각을 밝히 아시오며

- **주제 말씀** 주께서 내가 앉고 일어섬을 아시고 멀리서도 나의 생각을 밝히 아시오며(시편 139:2).

- **생각 열기**
  - 당신은 왜 다른 사람들이 당신을 이해하지 못한다고 생각합니까? 그들이 당신을 이해하지 못하는 것을 용서할 수 있습니까?
  - 하나님이 당신의 가장 사적인 생각도 아신다고 생각하면 마음이 편안합니까? 하나님이 당신을 아신다는 사실이 위로가 됩니까?

- **묵상** 세상 누구도 나를 이해하지 못한다고 느낄 때가 있습니다. 그럴 때는 참 외로운 느낌이 듭니다! 우리는 누구 한 사람이라도 내 생각과 감정을 이해해 주길 원합니다. 그렇게 이해받을 때 우리는 우리 자신이 이상한 사람이거나, 나쁜 사람이거나, 받아들여질 수 없는 사람이 아니라고 느끼게 됩니다. 그러나 그런 이해를 받지 못하면 자신이 뭔가 잘못된 사람 같다고 여기며 슬프고 외롭고 거절당한 것 같은 감정을 느끼게 됩니다.
현실에서 누군가와 마음을 나눌 용기를 내본다면, 생각했던 것보다 훨씬 더 이해받을 수 있다는 사실을 알게 될 것입니다.

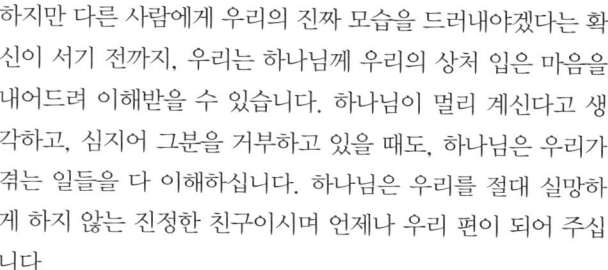

The 5-Minute Bible Study for Difficult Times

하지만 다른 사람에게 우리의 진짜 모습을 드러내야겠다는 확신이 서기 전까지, 우리는 하나님께 우리의 상처 입은 마음을 내어드려 이해받을 수 있습니다. 하나님이 멀리 계신다고 생각하고, 심지어 그분을 거부하고 있을 때도, 하나님은 우리가 겪는 일들을 다 이해하십니다. 하나님은 우리를 절대 실망하게 하지 않는 진정한 친구이시며 언제나 우리 편이 되어 주십니다.

- 기도

하나님, 아무도 저를 이해하지 못할 때도 저를 이해해 주시니 감사합니다. 하나님께 제 마음을 엽니다. 하나님께는 아무것도 감추고 싶지 않습니다. 하나님의 우정을 더욱 신뢰하도록 저를 인도하소서.

39

다른 사람의 잘못을 도저히 용서할 수가 없습니다

말씀 | 마태복음 6:9-15

9 그러므로 너희는 이렇게 기도하라 하늘에 계신 우리 아버지여 이름이 거룩히 여김을 받으시오며 10 나라가 임하시오며 뜻이 하늘에서 이루어진 것같이 땅에서도 이루어지이다 11 오늘 우리에게 일용할 양식을 주시옵고 12 우리가 우리에게 죄지은 자를 사하여 준 것같이 우리 죄를 사하여 주시옵고 13 우리를 시험에 들게 하지 마시옵고 다만 악에서 구하시옵소서 (나라와 권세와 영광이 아버지께 영원히 있사옵나이다 아멘) 14 너희가 사람의 잘못을 용서하면 너희 하늘 아버지께서도 너희 잘못을 용서하시려니와 15 너희가 사람의 잘못을 용서하지 아니하면 너희 아버지께서도 너희 잘못을 용서하지 아니하시리라

- **주제 말씀** 너희가 사람의 잘못을 용서하면 너희 하늘 아버지께서도 너희 잘못을 용서하시려니와(마태복음 6:14).

- **생각 열기**
  - 다른 사람들로부터 어떤 공격을 당할 때 도저히 용서할 수 없다고 느낍니까? 그 이유가 무엇입니까?
  - 당신은 하나님의 용서가 필요한 사람입니다. 이 사실을 기억하면 사람들로부터 받은 상처를 좀 더 긍정적인 관점으로 바라볼 수 있겠습니까?

- **묵상** 예수님은 기도하는 법을 가르쳐 주시면서 "우리가 우리에게 죄지은 자를 사하여 준 것같이 우리 죄를 사하여 주시옵고"(12절)라는 구절을 포함하셨는데, "아멘"이라고 하신 후에 용서가 하나님 나라에서 얼마나 중요한지를 다시 한번 강조하셨습니다. "너희가 사람의 잘못을 용서하지 아니하면 너희 아버지께서도 너희 잘못을 용서하지 아니하시리라"(15절). 이 말씀은

The 5-Minute Bible Study for Difficult Times

마치 하나님이 우리의 굳은 마음을 벌하신다는 의미로 들릴 수 있는데, 사실 그렇지 않습니다. 예수님은 용서하지 못하면 그 영적 결과가 해롭다는 사실을 아셨습니다. 과학적인 연구를 통해서도, 다른 사람을 용서하지 못하는 사람은 육체적으로나 정서적으로 상처를 입는다는 사실을 알 수 있습니다.

다른 사람을 용서한다고 해서 그들이 우리에게 준 상처가 아무것도 아닌 게 된다는 말이 아닙니다. 그들의 행동이 괜찮다는 말도 아닙니다. 용서는 이미 일어난 일에 매여 있지 않고 계속 나아가겠다는 의지를 뜻합니다. 용서는 더 큰 자유의 자리, 즉 하나님이 우리를 축복하실 수 있는 장소로 우리를 이끌어 줍니다.

- **기도**

예수님, 주님이 이 땅에 계셨을 때의 모습처럼 살고 싶습니다. 저에게 상처 준 사람들을 용서할 수 있게 도와주소서. 예수님의 나라에 속하고 싶습니다.

40

너무 연약해서 감당할 수가 없습니다

말씀 | 느헤미야 8:9-12

9 백성이 율법의 말씀을 듣고 다 우는지라 총독 느헤미야와 제사장 겸 학사 에스라와 백성을 가르치는 레위 사람들이 모든 백성에게 이르기를 오늘은 너희 하나님 여호와의 성일이니 슬퍼하지 말며 울지 말라 하고 10 느헤미야가 또 그들에게 이르기를 너희는 가서 살진 것을 먹고 단 것을 마시되 준비하지 못한 자에게는 나누어 주라 이날은 우리 주의 성일이니 근심하지 말라 여호와로 인하여 기뻐하는 것이 너희의 힘이니라 하고 11 레위 사람들도 모든 백성을 정숙하게 하여 이르기를 오늘은 성일이니 마땅히 조용하고 근심하지 말라 하니 12 모든 백성이 곧 가서 먹고 마시며 나누어 주고 크게 즐거워하니 이는 그들이 그 읽어 들려준 말을 밝히 앎이라

- **주제 말씀** 근심하지 말라 여호와로 인하여 기뻐하는 것이 너희의 힘이니라 하고(느헤미야 8:10).

- **생각 열기**
  - 하나님이 너무 많은 요구를 하신다고 느낀 적이 있습니까? 하나님의 기대를 충족시켜 드리기에 자신이 너무 연약하다고 느껴집니까?
  - 당신이 연약하다고 느끼는 데 당신의 감정은 어떤 역할을 합니까?
  - 오늘 하루 작은 일들을 축하하면서 하나님의 기쁨을 경험해 보는 것은 어떻겠습니까? 느헤미야는 특별한 음식과 마실 것을 즐기며 다른 사람들에게도 나누어 주라고 했습니다. 초대해서 함께 음식을 나눌 사람이 있습니까? 만약 그렇다면, 연약하다고 느끼던 감정에 어떤 변화가 생기는지 주목해 보십시오.

The 5-Minute Bible Study for Difficult Times

- 묵상 하나님의 백성이 하나님의 말씀을 듣고 울기 시작한다면 얼마나 이상한 일이겠습니까! 그런데 우리는 하나님의 음성에 이런 식으로 반응할 때가 많습니다. 우리는 너무 연약해서 하나님의 요구를 들어드릴 수 없다고 느낍니다. "우리는 그저 인간일 뿐인데, 성경에서 말하는 방식 그대로 늘 그렇게 살라고 하는 건 너무 하시잖아!"라며 볼멘소리를 합니다.

    하나님은 우리를 울리고 싶어 하지 않으십니다. 하나님은 사랑이시고 기쁨이십니다. 하나님은 우리가 사랑과 기쁨을 경험하길 원하십니다. 하나님은 우리의 능력이나 재능이 강한지 약한지에는 별로 관심이 없으십니다. 하나님은 단지 우리가 그분의 말씀을 듣고 기뻐하길 원하십니다.

    오늘 말씀에서 알 수 있듯이, 즐거워하는 것은 혼자 하는 것이 아닙니다. 다른 사람들과 함께 나눌 때 진정한 즐거움이 됩니다. 다른 사람들과 함께 즐거워할 때 자신이 연약하다는 감정은 사라지고 우리 주님의 기쁨이 그 자리를 채우게 됩니다.

- 기도 기쁨의 하나님, 제가 느끼던 의기소침함과 무력감을 없애 주시고 하나님의 힘으로 채워 주소서. 제가 밖을 향하게 하시고 다른 사람들을 바라볼 수 있게 하소서. 제 삶이 하나님의 사랑을 축하하는 삶이 되게 하소서.

41

불안합니다

말씀 | 신명기 31:3-6

3 여호와께서 이미 말씀하신 것과 같이 네 하나님 여호와께서 너보다 먼저 건너가사 이 민족들을 네 앞에서 멸하시고 네가 그 땅을 차지하게 할 것이며 여호수아는 네 앞에서 건너갈지라 4 또한 여호와께서 이미 멸하신 아모리 왕 시혼과 옥과 및 그 땅에 행하신 것과 같이 그들에게도 행하실 것이라 5 또한 여호와께서 그들을 너희 앞에 넘기시리니 너희는 내가 너희에게 명한 모든 명령대로 그들에게 행할 것이라 6 너희는 강하고 담대하라 두려워하지 말라 그들 앞에서 떨지 말라 이는 네 하나님 여호와 그가 너와 함께 가시며 결코 너를 떠나지 아니하시며 버리지 아니하실 것임이라 하고

- 주제 말씀
너희는 강하고 담대하라 두려워하지 말라 그들 앞에서 떨지 말라 이는 네 하나님 여호와 그가 너와 함께 가시며 결코 너를 떠나지 아니하시며 버리지 아니하실 것임이라 하고(신명기 31:6).

- 생각 열기
  - 무엇이 당신을 가장 불안하게 합니까? 감정적이거나 영적인 위험입니까? 혹은 육체적인 위험입니까?
  - 안전해지기 위해 어떤 행동을 할 수 있겠습니까? 하나님께 당신으로 하여금 그 행동을 하도록 인도해 달라고 요청할 수 있습니까?

- 묵상
안전하지 못하다고 느끼는 것은 참 끔찍한 경험입니다. 앞으로 나아가려면 기본적으로 안전함을 느껴야 합니다. 어디에 위험이 있는지(그리고 그것이 실제적인 것인지, 아니면 상상한 것인지) 아는 것이 매우 중요하고, 그런 다음 안전을 확신하도록 필요한 행동을 하는 것이 중요합니다. 그러나 감정 때문에 꼭 해야 할 행동을 하지 못할 때가 종종 있습니다. 소심해져서 아무 일

도 하지 못하는 것입니다.

육체적인 위험에 처해 있다면, 하나님이 우리와 함께하시며 우리 자신을 보호할 방법을 찾도록 도우실 것입니다(그것이 경찰을 부르는 일이든, 폭력적인 관계에서 벗어나는 일이든, 더 안전한 동네로 이사를 하는 것이든). 하나님은 또 감정적이거나 영적인 위험으로부터도 우리를 보호하시고, 우리로 하여금 그러한 위험에서 벗어나도록 결연한 행동을 하도록 인도하실 것입니다. 하나님은 그곳에서 우리와 함께하시며 우리가 쓰러지지 않도록 도우실 것입니다.

● 기도   용기를 주시는 하나님, 제가 저 자신을 보호할 수 있는 행동을 하도록 인도하소서. 하나님께서 저보다 앞서 행하시며 그 길을 보여 주시니 감사합니다.

42

외롭습니다

말씀 | 시편 23편

1 여호와는 나의 목자시니 내게 부족함이 없으리로다 2 그가 나를 푸른 풀밭에 누이시며 쉴 만한 물 가로 인도하시는도다 3 내 영혼을 소생시키시고 자기 이름을 위하여 의의 길로 인도하시는도다 4 내가 사망의 음침한 골짜기로 다닐지라도 해를 두려워하지 않을 것은 주께서 나와 함께하심이라 주의 지팡이와 막대기가 나를 안위하시나이다 5 주께서 내 원수의 목전에서 내게 상을 차려 주시고 기름을 내 머리에 부으셨으니 내 잔이 넘치나이다 6 내 평생에 선하심과 인자하심이 반드시 나를 따르리니 내가 여호와의 집에 영원히 살리로다

- 주제 말씀   내가 사망의 음침한 골짜기로 다닐지라도 해를 두려워하지 않을 것은 주께서 나와 함께하심이라 주의 지팡이와 막대기가 나를 안위하시나이다(시편 23:4).

- 생각 열기
  - 외로움과 두려움은 서로 어떤 관련이 있을까요?
  - 주님이 당신의 목자 되신다는 사실이 당신에게는 어떤 의미로 다가옵니까?
  - 삶이 아무리 어두워 보여도 하나님이 당신 옆에 계신다는 사실을 믿습니까?

- 묵상   외로움은 고독과는 다릅니다. 고독은 혼자 있는 것을 즐기며 성령과 함께하는 기쁨의 감정입니다. 그것은 우리에게 유익합니다. 그러나 외로움은 감정적으로나 영적으로뿐만 아니라 육체적으로도 파괴적입니다. 외로운 사람들이 육체적 질병에 더 많이 시달린다는 과학 연구도 있습니다.

  삶은 어두운 골짜기로 가득하고, 이런저런 이유로 혼자라고

느낄 때가 늘 있습니다. 일하면서 어려움을 겪거나, 심각한 병에 걸리거나, 가족 간에 위기를 겪거나, 사랑하는 사람이 죽었을 때…. 또는 삶의 좋고 나쁜 일들을 함께 나눌 사람이 한 명도 없다고 생각될 때 그런 기분이 들 수 있습니다. 하지만 하나님은 우리가 외로워하는 것을 원하지 않으십니다. 하나님은 우리가 다른 사람들과 연결되어 있길 원하실 뿐 아니라, 하나님이 항상 우리와 함께하신다는 사실을 알길 원하십니다.

● 기도

내 영혼의 목자이신 주님, 저와 늘 함께하시며 가장 어두운 골짜기를 지날 때도 저를 인도하시니 감사합니다. 다른 사람들과의 진정한 교제를 비롯해 제 영혼을 소생하는 데 필요한 모든 것을 공급해 주소서. 그래서 제가 주님이 원하시는 모습이 되게 하소서.

43

좌절했습니다

말씀 | 잠언 3:5-8
5 너는 마음을 다하여 여호와를 신뢰하고 네 명철을 의지하지 말라 6 너는 범사에 그를 인정하라 그리하면 네 길을 지도하시리라 7 스스로 지혜롭게 여기지 말지어다 여호와를 경외하며 악을 떠날지어다 8 이것이 네 몸에 양약이 되어 네 골수를 윤택하게 하리라

- 주제 말씀
  너는 마음을 다하여 여호와를 신뢰하고 네 명철을 의지하지 말라 (잠언 3:5).

- 생각 열기
  - 좌절과 신뢰가 서로 관련이 있다는 것을 압니까? 안다면 어떤 관계라고 생각합니까? 둘은 서로에게 어떤 영향을 줄까요?
  - 당신이 당신 삶의 주인이라고 생각한다면 좌절스러운 상황이 올 때 어떻게 되겠습니까?
  - 어떻게 범사에 하나님을 인정할 수 있겠습니까?(6절)

- 묵상
  '좌절'을 뜻하는 영어 단어 'frustrate'와 '사기, 가짜'를 뜻하는 'fraud'는 같은 라틴어에서 유래했습니다. 두 단어 모두 마땅히 받아야 할 것을 받지 못한 것과 관련이 있습니다. 좌절할 때 이런 감정을 느끼게 되지 않습니까? 마땅히 받아야 할 것을 받지 못할 때 좌절하게 됩니다. 하고 싶은 일인데 제대로 해낼 수 없을 것 같을 때, 혹은 다른 사람들이 우리가 원하지 않는 방식으로 행동할 때, 혹은 상황이 우리가 바라던 대로 되지 않을 때, 좌절이 몰려들며 통제력을 상실하게 됩니다. 우리 삶이

길을 벗어났다는 기분이 듭니다. 꼭 일어났어야 할 일이 일어나지 않았다고 믿게 됩니다.

하지만 좌절했다면, 우리는 하나님의 생각보다는 자기 생각을 더 의지하고 있는 건지도 모릅니다. 신뢰는 모든 것을 하나님의 손에 맡기는 것을 의미합니다. 우리의 능력도, 다른 사람들의 행동도, 심지어 날씨도 말입니다. 그래서 하나님이 그분의 시간에 그분의 방식으로 모든 일을 바로잡으시도록 해드리는 것이 바로 신뢰입니다.

● 기도

지혜의 하나님, 좌절이 몰려올 때 제 삶을 제 방식대로 생각하는 데 너무 치우치지 않게 도와주소서. 하나님을 더 신뢰하게 하셔서 제 길이 곧장 하나님께로 인도되게 하소서.

44

제 모습이 참 싫습니다

말씀 | 아가 4장

1 내 사랑 너는 어여쁘고도 어여쁘다 너울 속에 있는 네 눈이 비둘기 같고 네 머리털은 길르앗 산 기슭에 누운 염소 떼 같구나 2 네 이는 목욕장에서 나오는 털 깎인 암양 곧 새끼 없는 것은 하나도 없이 각각 쌍태를 낳은 양 같구나 3 네 입술은 홍색 실 같고 네 입은 어여쁘고 너울 속의 네 뺨은 석류 한 쪽 같구나 4 네 목은 무기를 두려고 건축한 다윗의 망대 곧 방패 천 개, 용사의 모든 방패가 달린 망대 같고 5 네 두 유방은 백합화 가운데서 꿀을 먹는 쌍태 어린 사슴 같구나 6 날이 저물고 그림자가 사라지기 전에 내가 몰약 산과 유향의 작은 산으로 가리라 7 나의 사랑 너는 어여쁘고 아무 흠이 없구나 … 16 북풍아 일어나라 남풍아 오라 나의 동산에 불어서 향기를 날리라 나의 사랑하는 자가 그 동산에 들어가서 그 아름다운 열매 먹기를 원하노라

- **주제 말씀** 나의 사랑 너는 어여쁘고 아무 흠이 없구나(아가 4:7).

- **생각 열기**
  - 오늘 성경 말씀을 읽을 때 어떤 기분이 듭니까? 우리 영혼과 하나님의 관계를 관능적인 언어로 표현하는 것이 어떻게 느껴집니까?
  - 하나님이 당신을 열정적으로 사랑하신다고 상상해 보십시오. 어떤 기분이 듭니까?

- **묵상** 우리는 자기 자신에게 너무 가혹합니다. 우리 사회는 여러 가지 매체를 통해 우리 자신을 바라보게 합니다. 텔레비전 광고에서부터 SNS 글에 이르기까지, 영화나 텔레비전 프로그램에서부터 잡지 기사에 이르기까지 너무 많은 말을 하고 있어서, 우리는 자신을 바라보는 하나의 확실한 방법을 찾아야 합니다. 그렇게 하지 않으면, 엉덩이에 혹이 있거나 이가 고르지

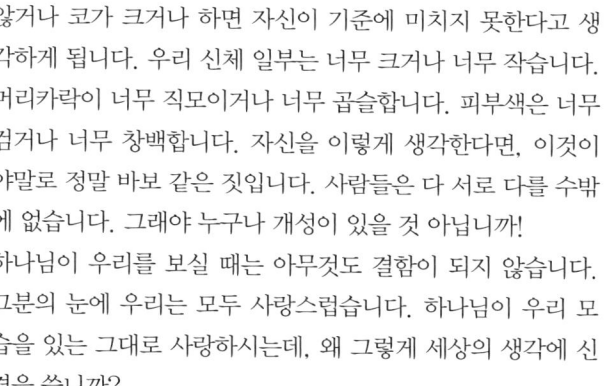

않거나 코가 크거나 하면 자신이 기준에 미치지 못한다고 생각하게 됩니다. 우리 신체 일부는 너무 크거나 너무 작습니다. 머리카락이 너무 직모이거나 너무 곱슬합니다. 피부색은 너무 검거나 너무 창백합니다. 자신을 이렇게 생각한다면, 이것이야말로 정말 바보 같은 짓입니다. 사람들은 다 서로 다를 수밖에 없습니다. 그래야 누구나 개성이 있을 것 아닙니까!

하나님이 우리를 보실 때는 아무것도 결함이 되지 않습니다. 그분의 눈에 우리는 모두 사랑스럽습니다. 하나님이 우리 모습을 있는 그대로 사랑하시는데, 왜 그렇게 세상의 생각에 신경을 씁니까?

● 기도

저를 사랑하시는 하나님, 제 모습 그대로 사랑해 주시니 감사합니다. 제가 저 자신을 세상의 관점이 아닌 하나님의 눈으로 보게 도와주소서.

45

살을 빼고 싶습니다

● **말씀** | **고린도전서 10:23-31**

23 모든 것이 가하나 모든 것이 유익한 것은 아니요 모든 것이 가하나 모든 것이 덕을 세우는 것은 아니니 24 누구든지 자기의 유익을 구하지 말고 남의 유익을 구하라 25 무릇 시장에서 파는 것은 양심을 위하여 묻지 말고 먹으라 26 이는 땅과 거기 충만한 것이 주의 것임이라 27 불신자 중 누가 너희를 청할 때에 너희가 가고자 하거든 너희 앞에 차려 놓은 것은 무엇이든지 양심을 위하여 묻지 말고 먹으라 28 누가 너희에게 이것이 제물이라 말하거든 알게 한 자와 그 양심을 위하여 먹지 말라 29 내가 말한 양심은 너희의 것이 아니요 남의 것이니 어찌하여 내 자유가 남의 양심으로 말미암아 판단을 받으리요 30 만일 내가 감사함으로 참여하면 어찌하여 내가 감사하는 것에 대하여 비방을 받으리요 31 그런즉 너희가 먹든지 마시든지 무엇을 하든지 다 하나님의 영광을 위하여 하라

● **주제 말씀**   그런즉 너희가 먹든지 마시든지 무엇을 하든지 다 하나님의 영광을 위하여 하라(고린도전서 10:31).

● **생각 열기**
- 당신은 먹고 마실 때 하나님의 영광을 생각합니까?
- 살을 빼려는 동기가 무엇입니까?
- 하나님이 왜 당신에게 살을 빼기를 원하시겠습니까? 살을 빼는 것이 하나님을 섬기는 데 어떤 영향을 준다고 생각합니까?

● **묵상**   세상이 우리에게 주는 메시지 중 하나는 모두가 날씬해야 한다는 것입니다. 특히 여성들은 완벽한 바비 인형 몸매를 추구해야 한다는 압박에 끝없이 시달립니다. 하지만 그런 몸매는 대부분의 여성에게 불가능합니다. 그리고 아무리 살을 많이 빼도 원래대로 먹기 시작하면 금세 원상태로 돌아오게 될 것

The 5-Minute Bible Study for Difficult Times

입니다. 하나님은 우리 몸무게가 얼마나 나가든 상관하지 않으십니다. 뚱뚱하든 말랐든, 그분은 우리를 똑같이 사랑하십니다.

하나님은 우리가 원하는 것을 할 권리를 허락하십니다. 과식할 수도 있고, 안 좋은 음식을 먹을 수도 있습니다. 하지만 너무 많은 음식을 먹고서 운동하지 않는 습관은 건강에 유익하지 않다는 사실을 우리가 알길 원하십니다. 다이어트를 하는 대신, 우리는 먹거나 마실 때마다 그것이 하나님을 기쁘시게 하는 일인지 늘 의식하려고 노력해야 합니다.

- **기도**

사랑의 하나님, 세상이 저를 어떻게 생각하는지에 너무 신경 쓰지 않게 도와주소서. 대신 하나님께 영광 돌리는 일에 더 신경 쓰게 하소서. 제가 먹고 마시는 일이 건설적이고 즐거운 행동이 되게 하셔서 하나님을 더 잘 섬길 수 있게 하소서.

46

어색한 기분이 너무 싫습니다

말씀 | 시편 54:1-4

1 하나님이여 주의 이름으로 나를 구원하시고 주의 힘으로 나를 변호하소서 2 하나님이여 내 기도를 들으시며 내 입의 말에 귀를 기울이소서 3 낯선 자들이 일어나 나를 치고 포악한 자들이 나의 생명을 수색하며 하나님을 자기 앞에 두지 아니하였음이니이다 (셀라) 4 하나님은 나를 돕는 이시며 주께서는 내 생명을 붙들어 주시는 이시니이다

- **주제 말씀** 하나님은 나를 돕는 이시며 주께서는 내 생명을 붙들어 주시는 이시니이다(시편 54:4).

- **생각 열기**
  - 왜 어색함을 느낍니까? 어떻게 행동해야 할지 몰라서 당황스러운 것입니까, 아니면 사회생활이 불편한 것입니까?
  - 당신이 느끼는 어색하다는 느낌과 다른 사람에게 좋은 인상을 주어야 한다는 생각이 어떤 관련이 있습니까?
  - 당신은 다른 사람들이 당신을 있는 그대로 받아들여 주는 대신 모질게 판단할 거라고 느낍니까? 이런 생각 때문에 어색함을 느끼지는 않습니까?

- **묵상**
  어색함을 느낀다는 것은 우리에 대한 어떤 것이 사실과 다르게 비친다는 의미가 들어 있습니다. 즉, 우리의 어떤 행동이나 다른 사람과의 상호 작용이 매끄럽지 못하다는 말입니다. 마치 뒷걸음질 치는 것처럼 느껴지는 것입니다.
  누구나 이런 느낌이 들 때가 있습니다. 그런데 사람들은 다른 사람의 어색한 행동을 신랄하게 판단하곤 합니다. 이런 판단

The 5-Minute Bible Study for Difficult Times

을 받게 되면 당황스럽고 움츠러듭니다. 공격받고, 수치 당하고, 망쳤다는 기분이 듭니다.

하지만 하나님이 우리를 돕기 위해 그곳에 계십니다! 우리가 아무리 어색하게 행동해도 하나님은 우리 편을 드실 것입니다. 하나님 안에서 우리는 우리의 진정한 가치를 찾을 것입니다.

● 기도 주님, 주님의 손으로 저를 지탱해 주소서. 제가 걸려 넘어질 때 일으켜 세워 주소서. 일을 그르쳐 어찌할 바를 모를 때 일을 잘 수습하도록 도와주소서. 당황해서 큰 사고를 치려고 할 때 주님의 사랑으로 저를 진정시켜 주소서. 주님을 의지하도록 가르쳐 주소서.

47

사랑이 식었습니다

말씀 | 빌립보서 4:4-9

4 주 안에서 항상 기뻐하라 내가 다시 말하노니 기뻐하라 5 너희 관용을 모든 사람에게 알게 하라 주께서 가까우시니라 6 아무것도 염려하지 말고 다만 모든 일에 기도와 간구로, 너희 구할 것을 감사함으로 하나님께 아뢰라 7 그리하면 모든 지각에 뛰어난 하나님의 평강이 그리스도 예수 안에서 너희 마음과 생각을 지키시리라 8 끝으로 형제들아 무엇에든지 참되며 무엇에든지 경건하며 무엇에든지 옳으며 무엇에든지 정결하며 무엇에든지 사랑받을 만하며 무엇에든지 칭찬받을 만하며 무슨 덕이 있든지 무슨 기림이 있든지 이것들을 생각하라 9 너희는 내게 배우고 받고 듣고 본 바를 행하라 그리하면 평강의 하나님이 너희와 함께 계시리라

- **주제 말씀** 끝으로 형제들아 무엇에든지 참되며 무엇에든지 경건하며 무엇에든지 옳으며 무엇에든지 정결하며 무엇에든지 사랑받을 만하며 무엇에든지 칭찬받을 만하며 무슨 덕이 있든지 무슨 기림이 있든지 이것들을 생각하라(빌립보서 4:8).

- **생각 열기**
  - 4-7절 말씀과 그다음 말씀 사이에 어떤 연관성이 있어 보입니까?
  - 당신의 영적 삶과 사랑의 관계가 어떻게 교차합니까? 하나님이 이 관계 속에 거하시길 요청할 수 있겠습니까?

- **묵상** 오래 관계를 맺다 보면 좋을 때도 있고 나쁠 때도 있기 마련입니다. 대부분의 부부가 배우자를 사랑하지 않을 때도 있었다고 인정할 것입니다. 상처 입은 감정이 둘 사이에 끼어들기도 하고, 때로는 그저 호흡이 안 맞기도 합니다. 평상시에는 그냥 넘기던 작은 습관들이 우리 신경을 건들기 시작합니다. 그러

면 전에 느끼던 행복이나 사랑의 감정이 사라져 버립니다. 대부분의 부부가 이런 권태기를 겪는데, 그러면서 그들의 결혼 생활은 더욱 굳건해집니다. 반면, 사랑이 식었을 때는 오늘 말씀 안에서 조언을 얻을 수 있습니다. 주 안에서 기뻐하십시오. 배우자를 친절히 대하십시오. 걱정을 멈추고 그 상황에 대해 기도하십시오. 배우자에 대해 아직 좋아하는 모습에 집중하십시오. 우리 마음에 있는 하나님의 평화에 의지하십시오.

● 기도

사랑의 하나님, 제 배우자를 주셔서 감사합니다. 이 사람의 선하고 진실하고 바람직한 모습에 집중하게 도와주소서. 사랑이 식었으니 하나님께로 더욱 가까이 인도하소서. 제 사랑을 새롭게 하시고 하나님의 평화로 채워 주소서.

48

너무 혼란스럽습니다

말씀 | 잠언 3:1-7

1 내 아들아 나의 법을 잊어버리지 말고 네 마음으로 나의 명령을 지키라 2 그리하면 그것이 네가 장수하여 많은 해를 누리게 하며 평강을 더하게 하리라 3 인자와 진리가 네게서 떠나지 말게 하고 그것을 네 목에 매며 네 마음판에 새기라 4 그리하면 네가 하나님과 사람 앞에서 은총과 귀중히 여김을 받으리라 5 너는 마음을 다하여 여호와를 신뢰하고 네 명철을 의지하지 말라 6 너는 범사에 그를 인정하라 그리하면 네 길을 지도하시리라 7 스스로 지혜롭게 여기지 말지어다 여호와를 경외하며 악을 떠날지어다

- **주제 말씀**　　너는 마음을 다하여 여호와를 신뢰하고 네 명철을 의지하지 말라 (잠언 3:5).

- **생각 열기**　　• 신뢰는 수많은 상황과 감정에 다 작용합니다. 더 신뢰한다면 지금의 혼란스러운 감정에 어떤 영향을 주겠습니까?
　　　　　　　　• 우리는 성경 구절을 전체적인 맥락에서 읽지 못할 때가 많습니다. 오늘 본문 말씀의 다른 구절들이 주제 말씀에 어떤 의미를 더한다고 생각합니까?

- **묵상**　　　　'혼란'이라는 단어는 '뒤죽박죽이 되어 어지럽고 질서가 없다'는 뜻입니다. 혼란스러운 감정을 좋아하는 사람은 없습니다. 잠언 기자는 모든 고통스러운 혼란에 대한 답을 알았습니다. 자기 힘으로 상황을 이해해 보려는 노력을 멈출 때, 우리는 소용돌이 속에서 하나님의 세미한 음성을 들을 수 있습니다. 하나님께로 달려가면, 혼란스러워서 저지르는 악을 피할 수 있

을 것입니다. 하나님이 모든 상황을 통제하고 계심을 확실히 믿는다면, 우리가 모든 것을 다 이해할 필요가 없습니다!

● 기도   주님, 온 마음을 다해 주님을 사랑하고 싶습니다. 주님과 주님 말씀에 충실하게 하소서. 혼란스러움을 밀어내고 마음 깊은 곳으로부터 주님을 신뢰하게 하소서.

49

더는 버틸 수가 없습니다

말씀 | 빌립보서 4:12-14

12 나는 비천에 처할 줄도 알고 풍부에 처할 줄도 알아 모든 일 곧 배부름과 배고픔과 풍부와 궁핍에도 처할 줄 아는 일체의 비결을 배웠노라 13 내게 능력 주시는 자 안에서 내가 모든 것을 할 수 있느니라 14 그러나 너희가 내 괴로움에 함께 참여하였으니 잘하였도다

- 주제 말씀   내게 능력 주시는 자 안에서 내가 모든 것을 할 수 있느니라(빌립보서 4:13).

- 생각 열기
    - '버티다'라는 게 무슨 의미입니까? 당신 자신에 대해 비현실적인 기대를 하지는 않습니까?
    - 현재 상황에서 어떻게 해야 만족할 수 있겠습니까? 어떤 일이 일어나야 할까요?
    - 14절은 바울의 고난에 참여하고자 했던 사람들에 대해 말합니다. 당신 삶에도 당신을 위해 그렇게 해주려는 사람이 있습니까? 그런 사람이 있다면 버티기가 조금 수월하겠습니까?

- 묵상   '버티다'라는 단어의 사전적 의미는 '어려운 일이나 외부의 압력을 참고 견디다'입니다. 삶을 더 이상 버텨 내지 못하게 되면 삶을 놓아 버리게 됩니다. 문제에 빠져 버리게 됩니다. 어떻게 해야 사도 바울처럼 이런 상황에서도 만족한다고 말할 수 있을까요?
                 사도 바울의 삶은 절대 순탄하지 않았습니다. 옥에 갇히고, 배

The 5-Minute Bible Study for Difficult Times

가 난파되고, 박해를 받고, 사방에서 비난을 받기도 했습니다. 누군가 두 손 다 들고 "더는 못 버티겠어."라고 말할 권리가 있다면, 그건 바로 바울이었습니다. 하지만 바울은 이런 모든 문제에도 불구하고, 자신은 좋든 나쁘든 어떤 상황에서도 만족하는 법을 배웠다고 말합니다.

바울의 비결은 무엇이었을까요? 아마도 그는 버틴다는 말의 새로운 정의를 알고 있었는지도 모릅니다. 바울은 어떤 어려움을 만나든 그 문제를 감당하고 이겨 내기 위해 하나님의 능력에 의지하는 법을 알았던 것입니다.

● 기도   주님, 제 힘으로 더는 아무것도 할 수 없을 때 주님의 힘으로 제가 이 모든 일을 감당하도록 도우실 것을 기억하게 하소서.

50

너무 샘이 납니다

말씀 | 잠언 14:26-30
26 여호와를 경외하는 자에게는 견고한 의뢰가 있나니 그 자녀들에게 피난처가 있으리라 27 여호와를 경외하는 것은 생명의 샘이니 사망의 그물에서 벗어나게 하느니라 28 백성이 많은 것은 왕의 영광이요 백성이 적은 것은 주권자의 패망이니라 29 노하기를 더디 하는 자는 크게 명철하여도 마음이 조급한 자는 어리석음을 나타내느니라 30 평온한 마음은 육신의 생명이나 시기는 뼈를 썩게 하느니라

- **주제 말씀** 평온한 마음은 육신의 생명이나 시기는 뼈를 썩게 하느니라(잠언 14:30).

- **생각 열기**
  - "평온한 마음"이 무슨 의미라고 생각합니까?
  - 시기가 어떻게 우리 존재의 "뼈"를 썩게 합니까?
  - 29절은 "마음이 조급한 자"에 대해 말합니다. 29절을 읽으며 어떤 생각이 듭니까? 어떻게 삶에 적용하겠습니까?

- **묵상** 시기(envy)와 질투(jealousy)는 의미가 비슷해 헷갈리기도 합니다. 질투는 우리 것이라고 생각하는 어떤 것(혹은 어떤 사람)에 누군가가 위협이 되어 두려워하는 일인 반면, 시기는 다른 사람이 가진 것, 우리는 갖지 못한 것을 탐내는 일과 관련이 있습니다. 잠언 기자는 시기가 우리를 중심에서부터 망가뜨릴 수 있는 파괴적인 감정이라고 말합니다. 정신과 의사 닐 버튼은 2014년 『현대 심리학』(Psychology Today)에 기재한 논문에서 이렇게 말합니다. "시기로 인해 감염이나 심혈관 질환, 암과

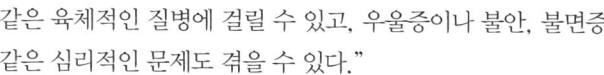

같은 육체적인 질병에 걸릴 수 있고, 우울증이나 불안, 불면증 같은 심리적인 문제도 겪을 수 있다."

다른 말로 하면, 시기는 죽음으로 이어진다고 할 수 있습니다. 하나님을 신뢰하는 것(하나님이 우리에게 필요한 모든 것을 주시리라는 믿음)은 그와는 정반대의 길로 인도합니다. 사실 하나님을 신뢰하는 것은 생명의 기초입니다.

● 기도   주님, 주님을 더욱 신뢰하게 하소서. 누구도 시기할 필요가 없음을 깨닫게 하소서. 주님은 제게 필요한 모든 것을 주십니다.

51

이 상황이 너무 무섭습니다

말씀 | 시편 56:9-13

9 내가 아뢰는 날에 내 원수들이 물러가리니 이것으로 하나님이 내 편이심을 내가 아나이다 10 내가 하나님을 의지하여 그의 말씀을 찬송하며 여호와를 의지하여 그의 말씀을 찬송하리이다 11 내가 하나님을 의지하였은즉 두려워하지 아니하리니 사람이 내게 어찌하리이까 12 하나님이여 내가 주께 서원함이 있사온즉 내가 감사제를 주께 드리리니 13 주께서 내 생명을 사망에서 건지셨음이라 주께서 나로 하나님 앞, 생명의 빛에 다니게 하시려고 실족하지 아니하게 하지 아니하셨나이까

- **주제 말씀** 내가 하나님을 의지하였은즉 두려워하지 아니하리니 사람이 내게 어찌하리이까(시편 56:11).

- **생각 열기**
  - 하나님이 진짜 당신 편이시라고 생각합니까?
  - 하나님이 당신을 "실족하지 아니하게"(13절) 지켜 주신 적이 있습니까? 그 일을 떠올리면 현재 상황에 대한 두려움이 경감됩니까?

- **묵상** 인생은 두렵습니다! 곳곳에 위험이 도사리고 있습니다. 감정적이고, 육체적이고, 영적인 위협을 날마다 직면합니다. 이런 두려움에 너무 사로잡히면 이불 속으로 들어가 세상으로 나올 엄두를 내지 못할 것입니다.
  하지만 시편 기자는 확신에 차서 용감하고 즐겁게 사는 방법을 말해 줍니다. 그는 하나님이 자기편이시라고 확신합니다. 하지만 이것은 상호 관계임을 또한 분명히 합니다. 하나님은 우리가 우리 삶을 그분께 온전히 맡길 때만 그분의 약속을 지

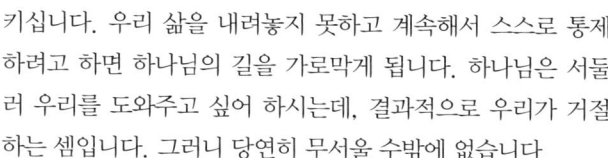

키십니다. 우리 삶을 내려놓지 못하고 계속해서 스스로 통제하려고 하면 하나님의 길을 가로막게 됩니다. 하나님은 서둘러 우리를 도와주고 싶어 하시는데, 결과적으로 우리가 거절하는 셈입니다. 그러니 당연히 무서울 수밖에 없습니다.

● 기도   구원자시여, 제가 오직 주님만을 신뢰하도록 도와주소서. 주님과 동행할 때, 모든 대적으로부터 저를 보호하시도록 주님께 의지할 수 있습니다. 주님은 제 편이십니다!

52

고향이 그립습니다

말씀 | 요한복음 15:9-11
9 아버지께서 나를 사랑하신 것같이 나도 너희를 사랑하였으니 나의 사랑 안에 거하라 10 내가 아버지의 계명을 지켜 그의 사랑 안에 거하는 것같이 너희도 내 계명을 지키면 내 사랑 안에 거하리라 11 내가 이것을 너희에게 이름은 내 기쁨이 너희 안에 있어 너희 기쁨을 충만하게 하려 함이라

- **주제 말씀** 아버지께서 나를 사랑하신 것같이 나도 너희를 사랑하였으니 나의 사랑 안에 거하라(요한복음 15:9).

- **생각 열기**
  - 고향을 그리워할 때 가장 힘든 일이 무엇입니까? 무엇이 가장 그립습니까?(예를 들면, 편안함, 친구들, 가족애 등)
  - 고향이라 부를 수 있는 실재적인 장소는 없지만, 고향을 그리워해 본 적이 있습니까?
  - 예수님은 이 땅에서 사역하실 때 하늘에 있는 고향을 그리워하셨을까요?

- **묵상** 아무리 모험을 즐기는 사람이라도 모험이 끝나면 돌아갈 고향이 필요합니다. 고향은 우리 몸과 마음과 영혼이 회복되는 곳입니다. 그곳은 우리를 방어할 필요가 없는 곳입니다. 모든 긴장을 풀고 그냥 내 모습으로 있을 수 있는 곳입니다.
너무 오래 고향에서 떨어져 있으면 마음이 병들기 마련입니다. 육체적으로 아프기 시작할 수도 있습니다. 낯선 잠자리, 낯선 음식, 낯선 얼굴들에 점점 지치게 됩니다. 간절히 집에 가고 싶어집니다!

The 5-Minute Bible Study for Difficult Times

오늘 본문 말씀에서 예수님은 우리에게 휴대할 수 있는 고향을 주시겠다고 말씀하십니다. 우리가 어디로 가든 가져갈 수 있는 고향 말입니다. 그 고향은 바로 예수님의 사랑입니다. 예수님의 계명을 지키면(하나님을 사랑하고 서로 사랑하라는 계명), 우리는 고향에 있는 것 같은 친밀함과 편안한 안식을 경험할 수 있습니다.

- **기도** 예수님, 제 고향이 예수님의 사랑이면 좋겠습니다. 제가 그 고향을 떠나 돌아다닐 때마다 고향이 그리워지게 하셔서 얼른 예수님께로 돌아가게 하소서.

53

거부당한 기분입니다

말씀 | 요한복음 15:18-27

18 세상이 너희를 미워하면 너희보다 먼저 나를 미워한 줄을 알라 19 너희가 세상에 속하였으면 세상이 자기의 것을 사랑할 것이나 너희는 세상에 속한 자가 아니요 도리어 내가 너희를 세상에서 택하였기 때문에 세상이 너희를 미워하느니라 20 내가 너희에게 종이 주인보다 더 크지 못하다 한 말을 기억하라 사람들이 나를 박해하였은즉 너희도 박해할 것이요 내 말을 지켰은즉 너희 말도 지킬 것이라 21 그러나 사람들이 내 이름으로 말미암아 이 모든 일을 너희에게 하리니 이는 나를 보내신 이를 알지 못함이라 22 내가 와서 그들에게 말하지 아니하였더라면 죄가 없었으려니와 지금은 그 죄를 핑계할 수 없느니라 23 나를 미워하는 자는 또 내 아버지를 미워하느니라 24 내가 아무도 못한 일을 그들 중에서 하지 아니하였더라면 그들에게 죄가 없었으려니와 지금은 그들이 나와 내 아버지를 보았고 또 미워하였도다 25 그러나 이는 그들의 율법에 기록된 바 그들이 이유 없이 나를 미워하였다 한 말을 응하게 하려 함이라 26 내가 아버지께로부터 너희에게 보낼 보혜사 곧 아버지께로부터 나오시는 진리의 성령이 오실 때에 그가 나를 증언하실 것이요 27 너희도 처음부터 나와 함께 있었으므로 증언하느니라

- **주제 말씀** 세상이 너희를 미워하면 너희보다 먼저 나를 미워한 줄을 알라(요한복음 15:18).

- **생각 열기**
  - 예수님이 십자가에 달리셨을 때 얼마나 거부당한 기분이셨을지 생각해 보았습니까? 예수님은 사람들에게 거부당하셨을 뿐 아니라 하늘 아버지께도 거부당하셨습니다.
  - 성령께서 어떻게 거부당하는 고통을 견디도록 도우신다고 생각합니까?

- **묵상** 본문 말씀에서 "세상"이라고 번역된 헬라어 단어는 우리가 사

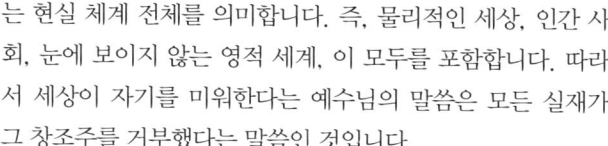

는 현실 체계 전체를 의미합니다. 즉, 물리적인 세상, 인간 사회, 눈에 보이지 않는 영적 세계, 이 모두를 포함합니다. 따라서 세상이 자기를 미워한다는 예수님의 말씀은 모든 실재가 그 창조주를 거부했다는 말씀인 것입니다.

우리가 경험하는 어떤 거부도 그것만큼 강렬하고 포괄적일 수는 없을 것입니다. 하지만 예수님은 우리에게 "너무 심한 대우를 받았다고 생각하는구나. 내가 당한 일을 한번 봐!"라고 말씀하지 않으십니다. 예수님은 대신 이렇게 말씀하십니다. "거부당할 때 어떤 기분인지 나도 안다. 하지만 나는 거부당할 만한 일을 하지 않았다. 너도 마찬가지지. 나는 너를 많이 사랑한다. 너 혼자 거부감을 느끼도록 내버려 두고 싶지 않구나. 그래서 너에게 성령을 보냈다. 비록 지금은 육체로 너와 함께할 수 없지만, 성령이 나에 대해 말해 줄 테니 너도 다른 사람들에게 나에 대해 말해 줄 수 있을 거다."

● 기도   예수님, 세상의 거부를 견디셔야 했음에 마음이 아픕니다. 사랑이시며 온유하신 성령님과 함께 제 삶에서 경험하는 작은 거부들을 견뎌 낼 수 있도록 도와주소서.

54

친구가 눈에 거슬립니다

말씀 | 데살로니가전서 5:15-24

15 삼가 누가 누구에게든지 악으로 악을 갚지 말게 하고 서로 대하든지 모든 사람을 대하든지 항상 선을 따르라 16 항상 기뻐하라 17 쉬지 말고 기도하라 18 범사에 감사하라 이것이 그리스도 예수 안에서 너희를 향하신 하나님의 뜻이니라 19 성령을 소멸하지 말며 20 예언을 멸시하지 말고 21 범사에 헤아려 좋은 것을 취하고 22 악은 어떤 모양이라도 버리라 23 평강의 하나님이 친히 너희를 온전히 거룩하게 하시고 또 너희의 온 영과 혼과 몸이 우리 주 예수 그리스도께서 강림하실 때에 흠 없게 보전되기를 원하노라 24 너희를 부르시는 이는 미쁘시니 그가 또한 이루시리라

- **주제 말씀** 삼가 누가 누구에게든지 악으로 악을 갚지 말게 하고 서로 대하든지 모든 사람을 대하든지 항상 선을 따르라(데살로니가전서 5:15).

- **생각 열기**
  - 친구의 어떤 면이 그렇게 거슬립니까? 무엇 때문에 거슬리는지 마음속 깊은 곳을 볼 수 있습니까?
  - 화를 낼 때 당신의 삶에서 성령이 "소멸"된다고 생각합니까?(19절)
  - 23절은 하나님이 당신을 "온전히" 거룩하게 하신다고 말합니다. 무슨 의미 같습니까?

- **묵상** 가장 친한 친구도 우리 신경을 거슬리게 할 수 있습니다. 먹는 방식, 말하는 방식, 행동하는 방식이 신경에 거슬릴 수 있습니다. 그들이 아무 생각 없이 하는 말이나 행동이 우리 감정을 상하게 할 수 있습니다. 짜증이 점점 쌓이다 보면 나중에는 그들과 함께 있는 것을 두려워하는 지경까지 될 수 있습니다. 그

들의 행동에 지나치게 신경 쓰는 것을 멈추십시오. 대신 그러한 짜증이 우리를 얼마나 좀먹는지 집중해서 보십시오. 그러면 그 짜증이 우정까지 망치고 있었다는 사실을 알게 될 것입니다.

하나님은 우리가 그 지경이 되기 전에 돌아오라고 하십니다. 악을 악으로 갚는 대신, 친구를 돕는 방법에 집중하라고 하십니다. 그들을 위해 기도해 주고, 그들의 독특한 성격을 기뻐하고, 그들에게 감사하라고 하십니다. 그리고 우리를 위해, 우리를 통해 이 모든 일을 행하겠다고 약속하십니다.

● 기도

예수님, 저를 짜증 나게 하는 친구를 위해 기도합니다. 이 친구를 왜 좋아했었는지 기억나게 하소서. 짜증 나는 마음에 집중하기보다 친구의 필요에 더 집중하도록 도와주소서. 제 영과 혼과 몸이 흠 없게 하셔서 예수님의 신실한 친구로 살아갈 수 있게 하소서.

55

저는 겁쟁이입니다

말씀 | 디모데후서 1:1-7

1 하나님의 뜻으로 말미암아 그리스도 예수 안에 있는 생명의 약속대로 그리스도 예수의 사도 된 바울은 2 사랑하는 아들 디모데에게 편지하노니 하나님 아버지와 그리스도 예수 우리 주께로부터 은혜와 긍휼과 평강이 네게 있을지어다 3 내가 밤낮 간구하는 가운데 쉬지 않고 너를 생각하여 청결한 양심으로 조상적부터 섬겨 오는 하나님께 감사하고 4 네 눈물을 생각하여 너 보기를 원함은 내 기쁨이 가득하게 하려 함이니 5 이는 네 속에 거짓이 없는 믿음이 있음을 생각함이라 이 믿음은 먼저 네 외조모 로이스와 네 어머니 유니게 속에 있더니 네 속에도 있는 줄을 확신하노라 6 그러므로 내가 나의 안수함으로 네 속에 있는 하나님의 은사를 다시 불일듯 하게 하기 위하여 너로 생각하게 하노니 7 하나님이 우리에게 주신 것은 두려워하는 마음이 아니요 오직 능력과 사랑과 절제하는 마음이니

- **주제 말씀**   하나님이 우리에게 주신 것은 두려워하는 마음이 아니요 오직 능력과 사랑과 절제하는 마음이니(디모데후서 1:7).

- **생각 열기**
  - 오늘 본문 말씀을 볼 때, 바울과 디모데가 어떤 관계로 보입니까?
  - 바울의 충고로 볼 때, 디모데가 어떤 문제에 직면했던 것 같습니까?
  - 존경하는 사람으로부터 이런 편지를 받는다면 어떤 기분일 것 같습니까?

- **묵상**   바울이 젊은 친구에게 보낸 이 편지에서 두 사람의 친밀감을 느낄 수 있습니다. 바울은 자신의 조상들(3절)과 디모데의 할머니와 어머니(5절)를 언급합니다. 아마도 이렇게 함으로써 아무도 혼자 서 있지 않다는 사실을 상기시키고자 했을 것입니

The 5-Minute Bible Study for Difficult Times

다. 우리는 우리 앞에 살았던 조상들과 믿음으로 연결되어 있습니다. 겁쟁이처럼 느껴지고 삶의 어려움을 감당할 수 없을 것 같을 때, 우리는 이 강한 믿음의 고리를 주장할 수 있습니다. 우리 삶에 영향을 준 분들의 힘과 인내를 기억할 때, 우리 안에 있던 작은 불씨를 다시 지필 수 있을 것입니다.

이를 위해서는 자기 훈련이 필요합니다. 그렇다고 혼자 힘으로 다 해내려고 할 필요는 없습니다. 두려움 없이 하나님을 섬길 수 있도록 하나님께서 자기 훈련을 위한 힘과 사랑을 주시리라고 바울은 약속합니다.

● 기도

능력의 하나님, 하나님의 영은 나약함과 두려움과는 정반대임을 압니다. 하나님은 사랑이십니다. 사랑은 언제나 행동합니다. 사랑은 절대 겁쟁이가 아닙니다. 하나님의 사랑으로 저를 채우소서.

56

비난을 참을 수 없습니다

말씀 | 잠언 15:31-33, 새번역
31 목숨을 살리는 책망에 귀 기울이는 사람은 지혜로운 사람들 사이에 자리를 잡는다. 32 훈계를 싫어하는 사람은 자기 생명을 가볍게 여기는 사람이지만, 책망을 잘 듣는 사람은 지식을 얻는 사람이다. 33 주님을 경외하라는 것은 지혜가 주는 훈계이다. 겸손하면 영광이 따른다.

- 주제 말씀 목숨을 살리는 책망에 귀 기울이는 사람은 지혜로운 사람들 사이에 자리를 잡는다(잠언 15:31, 새번역).

- 생각 열기
  - 잔인하고 파괴적인 비난과 "목숨을 살리는 책망"이 어떻게 다른지 말할 수 있습니까? 두 경우를 다 경험해 보았습니까? 둘 다 상처가 되었습니까? 그랬다면 왜이고, 아니라면 왜입니까?
  - 오늘 본문 말씀은 "훈계를 싫어하는 사람은 자기 생명을 가볍게 여기는 사람"(32절)이라고 말하는데, 왜 그렇다고 생각합니까?

- 묵상
  우리를 진심으로 사랑해서 우리 유익을 위해 선한 의도로 하는 책망도 견디기 힘들 수 있습니다. 자존심이 상하고 자아 정체성이 흔들릴 수 있습니다.
  중요한 공식 행사에 가려고 옷을 입는다고 가정해 보십시오. 그런데 옷 뒤쪽에 큰 얼룩이 묻었는데 당신은 모릅니다. 그 얼룩이 보이지 않기 때문에 스스로 멋지게 차려입었다고 믿습니다. 고개를 꼿꼿이 들고 막 문을 나서려고 하는데 친구가 뒤에

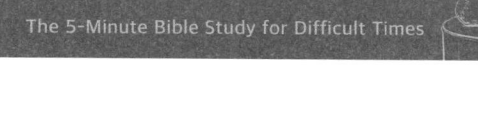

서 이렇게 말합니다. "친구야, 다시 들어가서 옷을 갈아입는 게 좋겠어. 옷 뒤쪽에 얼룩이 많이 묻어 있어."
친구가 사실을 말했다고 해서 화를 내겠습니까? 등에 얼룩이 묻었든 말든 자신 있게 밖으로 나가겠습니까? 아니면 친구에게 고마워하겠습니까?

● 기도   하늘에 계신 친구 되시는 주님, 비난받아서 제 마음이 얼마나 상처를 받았는지 아시지요. 제게 있던 작은 자신감마저 무너집니다. 하지만 그렇더라도 제가 보지 못하는 저의 허물을 다른 사람들이 솔직하게 봐준 것을 받아들이게 도와주소서. 주님이 창조하신 그 모습으로 최고의 제가 되기를 원합니다.

57

증오 때문에 괴롭습니다

말씀 | 누가복음 6:27-36

27 그러나 너희 듣는 자에게 내가 이르노니 너희 원수를 사랑하며 너희를 미워하는 자를 선대하며 28 너희를 저주하는 자를 위하여 축복하며 너희를 모욕하는 자를 위하여 기도하라 29 너의 이 뺨을 치는 자에게 저 뺨도 돌려대며 네 겉옷을 빼앗는 자에게 속옷도 거절하지 말라 30 네게 구하는 자에게 주며 네 것을 가져가는 자에게 다시 달라 하지 말며 31 남에게 대접을 받고자 하는 대로 너희도 남을 대접하라 32 너희가 만일 너희를 사랑하는 자만을 사랑하면 칭찬받을 것이 무엇이냐 죄인들도 사랑하는 자는 사랑하느니라 33 너희가 만일 선대하는 자만을 선대하면 칭찬받을 것이 무엇이냐 죄인들도 이렇게 하느니라 34 너희가 받기를 바라고 사람들에게 꾸어 주면 칭찬받을 것이 무엇이냐 죄인들도 그만큼 받고자 하여 죄인에게 꾸어 주느니라 35 오직 너희는 원수를 사랑하고 선대하며 아무것도 바라지 말고 꾸어 주라 그리하면 너희 상이 클 것이요 또 지극히 높으신 이의 아들이 되리니 그는 은혜를 모르는 자와 악한 자에게도 인자하시니라 36 너희 아버지의 자비로우심같이 너희도 자비로운 자가 되라

- 주제 말씀   오직 너희는 원수를 사랑하고 선대하며 아무것도 바라지 말고 꾸어 주라 그리하면 너희 상이 클 것이요 또 지극히 높으신 이의 아들이 되리니 그는 은혜를 모르는 자와 악한 자에게도 인자하시니라(누가복음 6:35).

- 생각 열기
  - 살면서 원수라고 생각한 사람이 있습니까? 솔직해 보십시오. 대놓고 원수라고 말하지는 않았지만 그에 대한 행동이나 태도가 다르지 않았습니까?
  - 자비롭다는 것은 어떤 의미입니까? 오늘 당신이 자비를 베풀어야 할 사람은 누구입니까?

The 5-Minute Bible Study for Difficult Times

- **묵상** 예수님의 메시지가 얼마나 급진적인지 우리는 잊곤 합니다. 예수님의 메시지는 우리의 사고방식을 완전히 뒤집어엎습니다. 누가복음의 오늘 본문 말씀에서도 예수님은 우리의 익숙한 습관과 태도에 도전하십니다.

  우리가 아무리 그리스도인이어도 우리에게 불친절한 사람들을 멀리하는 것은 정당하다고 대부분 생각합니다. 상식적으로도 타당해 보입니다. 우리는 이런 태도를 우리와 정치적으로 혹은 신학적으로 다른 의견을 가진 사람들에게도 확장하곤 합니다. 하나님도 잘못된 생각을 가진 사람들과 관계를 맺으라고 하실 리가 없다고 정당화합니다.

  예수님의 대답은 분명합니다. 예수님은 옳고 그름을 전혀 신경 쓰지 않으셨습니다. 만일 그러셨다면 우리를 위해 목숨을 내놓지 않으셨을 것입니다. 예수님은 우리도 예수님처럼 하기를 원하십니다. 돌려받겠다는 생각 없이, 사랑할 가치가 없다고 느껴지는 사람조차도 사랑하기를 원하십니다.

- **기도** 예수님, 제가 모든 사람을 사랑하도록 도와주소서. 원수라고 생각되는 사람도 사랑하게 하소서. 성령의 일하심을 세상에 드러내게 도와주소서.

58

겸손해지고 싶습니다

말씀 | 야고보서 4:6-10

6 그러나 더욱 큰 은혜를 주시나니 그러므로 일렀으되 하나님이 교만한 자를 물리치시고 겸손한 자에게 은혜를 주신다 하였느니라 7 그런즉 너희는 하나님께 복종할지어다 마귀를 대적하라 그리하면 너희를 피하리라 8 하나님을 가까이하라 그리하면 너희를 가까이하시리라 죄인들아 손을 깨끗이 하라 두 마음을 품은 자들아 마음을 성결하게 하라 9 슬퍼하며 애통하며 울지어다 너희 웃음을 애통으로, 너희 즐거움을 근심으로 바꿀지어다 10 주 앞에서 낮추라 그리하면 주께서 너희를 높이시리라

- **주제 말씀** 하나님이 교만한 자를 물리치시고 겸손한 자에게 은혜를 주신다 하였느니라(야고보서 4:6).

- **생각 열기**
  - 은혜라는 말을 들으면 어떤 생각이 듭니까?
  - 교만이 하나님과 당신 사이에서 어떤 역할을 한다고 생각합니까?
  - 살면서 교만 때문에 생긴 일에 주목해 보십시오. 왜 교만해질까요? 교만 때문에 오히려 상처를 받았던 적은 없습니까?

- **묵상** 하나님이 우리를 창조하셨다는 존엄성은 모두가 태어나면서부터 갖는 건강한 자부심입니다. 그러나 오늘 본문은 그런 자부심을 말하는 것이 아닙니다. "교만"으로 번역된 헬라어 단어는 자신을 다른 사람보다 더 낫다고 생각하는 것을 의미합니다. 반면 "겸손"은 의지적으로 낮은 위치에 서려고 하는 것을 의미합니다. 『HELPS Word-Studies』에서는 성경적 겸손을 '자기를 의지하기보다 하나님을 의지하는 것'이라고 정의합

The 5-Minute Bible Study for Difficult Times

니다. 우리 자신이 아닌 하나님께 의지할 때 우리는 겸손하게 됩니다.
이기적이고 자만에 가득한 교만은 우리 마음에 딱딱한 껍질을 만들 수 있습니다. 그 껍질을 벗겨 내기 위해 진정한 슬픔의 눈물이 필요할 때가 있습니다. 그런 후에야 우리는 드디어 벌거벗은 모습으로 낮아진 채 더는 어떤 겉치레도 없이 하나님의 임재로 나아가게 됩니다. 하나님은 이런 우리를 높이실 것입니다.

● 기도   하나님, 제 교만한 마음에 하나님의 은혜를 부어 주소서. 겸손한 눈물로 저를 씻어 주소서. 하나님께로 더 가까이 나아가고 싶습니다.

59

쓰라린 후회에 빠져 있습니다

말씀 | 히브리서 12:14-25

14 모든 사람과 더불어 화평함과 거룩함을 따르라 이것이 없이는 아무도 주를 보지 못하리라 15 너희는 하나님의 은혜에 이르지 못하는 자가 없도록 하고 또 쓴 뿌리가 나서 괴롭게 하여 많은 사람이 이로 말미암아 더럽게 되지 않게 하며 16 음행하는 자와 혹 한 그릇 음식을 위하여 장자의 명분을 판 에서와 같이 망령된 자가 없도록 살피라 17 너희가 아는 바와 같이 그가 그 후에 축복을 이어받으려고 눈물을 흘리며 구하되 버린 바가 되어 회개할 기회를 얻지 못하였느니라 18 너희는 만질 수 있고 불이 붙는 산과 침침함과 흑암과 폭풍과 19 나팔 소리와 말하는 소리가 있는 곳에 이른 것이 아니라 그 소리를 듣는 자들은 더 말씀하지 아니하시기를 구하였으니 20 이는 짐승이라도 그 산에 들어가면 돌로 침을 당하리라 하신 명령을 그들이 견디지 못함이라 21 그 보이는 바가 이렇듯 무섭기로 모세도 이르되 내가 심히 두렵고 떨린다 하였느니라 22 그러나 너희가 이른 곳은 시온 산과 살아 계신 하나님의 도성인 하늘의 예루살렘과 천만 천사와 23 하늘에 기록된 장자들의 모임과 교회와 만민의 심판자이신 하나님과 및 온전하게 된 의인의 영들과 24 새 언약의 중보자이신 예수와 및 아벨의 피보다 더 나은 것을 말하는 뿌린 피니라 25 너희는 삼가 말씀하신 이를 거역하지 말라 땅에서 경고하신 이를 거역한 그들이 피하지 못하였거든 하물며 하늘로부터 경고하신 이를 배반하는 우리일까 보냐

- 주제 말씀   너희는 하나님의 은혜에 이르지 못하는 자가 없도록 하고 또 쓴 뿌리가 나서 괴롭게 하여 많은 사람이 이로 말미암아 더럽게 되지 않게 하며(히브리서 12:15).

- 생각 열기   • 살면서 쓰라린 후회로 남은 일은 무엇입니까?
　　　　　　　• 17절은 우리가 마음을 바꿔 먹어도 이전에 겪은 쓰라린 후회의 결과를 바꿀 수 없다고 말합니다. 이런 경험을 해보았습니까?

The 5-Minute Bible Study for Difficult Times

● 묵상   쓰라린 후회는 분노, 상처, 실망, 좌절, 억울함 같은 감정들을 만들어 냅니다. 이렇게 생겨난 감정들을 털어 버리지 않고 계속 붙들고 있으면, 다른 더 차갑고 견고하고 습관적인 어떤 것으로 변질해 뿌리를 내리게 됩니다.

쓰라린 후회가 어떤 감정으로 시작되었든, 오늘 본문 말씀은 그로 인해 온갖 문제가 발생할 수 있다고 말합니다. 이 감정은 나에게서 다른 사람에게로 퍼질 수 있으며 그리스도의 몸을 약화하기도 합니다. 또한 다른 상처 입은 감정들로 전이될 수 있습니다. 최악의 경우 우리 마음과 하나님 사이에 끼어들 수도 있습니다.

오늘 하나님은 이렇게 말씀하십니다. "쓰라린 후회를 붙들고 있을 이유가 없다. 너희는 더 이상 구약의 세상에서 살지 않는다. 구약에서는 내가 종종 화를 내고 두려운 모습으로 보였다. 그러나 지금은 너희를 천사들의 즐거운 모임에 초대했다. 가인에게 죽임당한 그 형제의 쓰라린 피를 지우고 내 아들의 사랑을 너희에게 뿌렸다."

● 기도   사랑의 하나님, 제 마음에서 쓰라린 후회의 뿌리를 뽑아내소서. 하나님의 음성을 더욱 분명히 듣게 하시고 하나님의 기쁨 안에서 살게 하소서.

60

충동적으로 행동합니다

말씀 | 데살로니가전서 5:4-8, 현대인의성경

4 형제 여러분, 그러나 여러분은 어두움 가운데 있지 않기 때문에 그날이 여러분에게 도둑처럼 닥치지는 않을 것입니다. 5 여러분은 모두 빛의 자녀들이며 낮의 자녀들입니다. 우리는 밤이나 어두움에 속하지 않았습니다. 6 그러므로 우리는 다른 사람들처럼 잠자고 있을 것이 아니라 깨어 정신을 차려야 합니다. 7 잠자는 사람들은 밤에 자고 술 마시는 사람들도 밤에 마시고 취합니다. 8 그러나 우리는 낮에 속하였으므로 정신을 똑바로 차리고 믿음과 사랑과 구원의 희망으로 완전 무장합시다.

- **주제 말씀** 그러므로 우리는 다른 사람들처럼 잠자고 있을 것이 아니라 깨어 정신을 차려야 합니다(데살로니가전서 5:6, 현대인의성경).

- **생각 열기**
  - 당신이 충동적인 근본적 이유를 알고 있습니까? 교만해서입니까? 다른 사람에게 너무 관심이 많아서입니까? 아니면 그저 부주의해서입니까?
  - 5절은 우리가 "빛의 자녀들"이며 "낮의 자녀들"이기 때문에 "밤이나 어두움에 속하지 않았다"고 말합니다. 이런 표현을 들을 때 어떤 생각이 듭니까? 다음번에 또 충동에 사로잡히려고 할 때 좀 더 신중하게 생각하도록 어떻게 이 구절들을 적용할 수 있겠습니까?

- **묵상** "일부러 그런 건 아니고 어쩌다 보니 충동적으로 그랬습니다."라고 말할 때가 있습니다. 신중하지 못해서 그랬다고 말하면 다른 사람에게 피해를 준 일에 대해 변명이 된다고 생각하는 것 같습니다. 하지만 좀 더 깊이 생각해 보면 충동적으로

The 5-Minute Bible Study for Difficult Times

행동했다는 것은 내가 원하는 대로 행동했다는 의미가 아니겠습니까? 사랑해서 도움을 주려고 혹은 단순히 흥분해서 어떤 행동을 했다고 말하는데, 생각 없이 행동하는 것은 이기적인 일입니다. 그렇게 하면 우리 자신과 다른 사람에게 큰 해를 끼칠 수 있습니다.

우리는 잠들거나 술에 취한 채, 혹은 감각이 무뎌진 채 걷지 않습니다. 하나님은 우리가 두뇌를 사용하기를 원하십니다. 하나님은 우리가 어둠 속에서 마음 내키는 대로 걷다가 넘어지기를 원하지 않으십니다. 하나님은 우리가 신중하게, 정신을 바짝 차리고, 하나님의 사랑을 덧입은 채 걷길 원하십니다.

● 기도

주님, 또다시 충동적으로 행동한 것을 용서하소서. 저 자신을 잘 다스려 행동하기 전에 꼭 생각하게 하소서. 고집불통의 교만을 벗어 버리고 주님이 주시는 믿음과 사랑과 소망으로 옷 입게 하소서.

61

마음이 상했습니다

말씀 | 시편 34:15-20

15 여호와의 눈은 의인을 향하시고 그의 귀는 그들의 부르짖음에 기울이시는도다 16 여호와의 얼굴은 악을 행하는 자를 향하사 그들의 자취를 땅에서 끊으려 하시는도다 17 의인이 부르짖으매 여호와께서 들으시고 그들의 모든 환난에서 건지셨도다 18 여호와는 마음이 상한 자를 가까이하시고 충심으로 통회하는 자를 구원하시는도다 19 의인은 고난이 많으나 여호와께서 그의 모든 고난에서 건지시는도다 20 그의 모든 뼈를 보호하심이여 그중에서 하나도 꺾이지 아니하도다

- **주제 말씀** 여호와는 마음이 상한 자를 가까이하시고 충심으로 통회하는 자를 구원하시는도다(시편 34:18).

- **생각 열기**
  - 무엇 때문에 마음이 상했습니까? 믿었던 사람이 배신했습니까? 아니면 사랑하는 사람이 죽었습니까? 두 경우 모두 심각한 상실감을 경험했을 것입니다.
  - 오늘 시편 말씀이 감정적인 상처와 육체적인 고통을 연결하고 있는 점에 주목하십시오. 마음이 상하면 몸으로 느낌이 옵니까? 그 고통이 어디에서 느껴집니까? 배나 가슴 또는 머리입니까?

- **묵상** 마음이 상하면 정체성이 흔들릴 수 있습니다. 하나님과 그분의 약속까지 의심하게 만들 수 있습니다. 우리를 지탱하던 근간들, 즉 삶의 뼈대가 무너진 것마냥 이 끔찍한 고통에서 한 발자국도 움직일 수 없게 됩니다.
  하지만 시편 기자는 우리 마음이 아무리 상처를 입어도, 하나

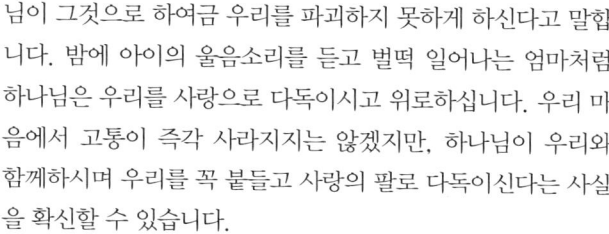

님이 그것으로 하여금 우리를 파괴하지 못하게 하신다고 말합니다. 밤에 아이의 울음소리를 듣고 벌떡 일어나는 엄마처럼 하나님은 우리를 사랑으로 다독이시고 위로하십니다. 우리 마음에서 고통이 즉각 사라지지는 않겠지만, 하나님이 우리와 함께하시며 우리를 꼭 붙들고 사랑의 팔로 다독이신다는 사실을 확신할 수 있습니다.

언젠가는 우리를 지탱하던 그 중요한 뼈들이 그래도 부러지지 않았음을 알게 될 것입니다. 하나님의 지극한 보살핌으로 우리는 다시 걷게 될 것입니다.

- **기도**   주님, 제게 가까이 오소서. 주님이 간절히 필요합니다. 저를 이 끔찍한 고통 속에 홀로 내버려 두지 마소서. 주님 팔에 저를 안으시고 상한 마음을 고쳐 주소서.

62

두려움에 심장이 두근거립니다

말씀 | 역대상 28:11-20

11 다윗이 성전의 복도와 그 집들과 그 곳간과 다락과 골방과 속죄소의 설계도를 그의 아들 솔로몬에게 주고 12 또 그가 영감으로 받은 모든 것 곧 여호와의 성전의 뜰과 사면의 모든 방과 하나님의 성전 곳간과 성물 곳간의 설계도를 주고 13 또 제사장과 레위 사람의 반열과 여호와의 성전에서 섬기는 모든 일과 여호와의 성전을 섬기는 데에 쓰는 모든 그릇의 양식을 설명하고 14 또 모든 섬기는 데에 쓰는 금 기구를 만들 금의 무게와 모든 섬기는 데에 쓰는 은 기구를 만들 은의 무게를 정하고 15 또 금 등잔대들과 그 등잔 곧 각 등잔대와 그 등잔을 만들 금의 무게와 은 등잔대와 그 등잔을 만들 은의 무게를 각기 그 기구에 알맞게 하고 16 또 진설병의 각 상을 만들 금의 무게를 정하고 은 상을 만들 은도 그렇게 하고 17 갈고리와 대접과 종지를 만들 순금과 금 잔 곧 각 잔을 만들 금의 무게와 또 은 잔 곧 각 잔을 만들 은의 무게를 정하고 18 또 향단에 쓸 순금과 또 수레 곧 금 그룹들의 설계도대로 만들 금의 무게를 정해 주니 이 그룹들은 날개를 펴서 여호와의 언약궤를 덮는 것이더라 19 다윗이 이르되 여호와의 손이 내게 임하여 이 모든 일의 설계를 그려 나에게 알려 주셨느니라 20 또 그의 아들 솔로몬에게 이르되 너는 강하고 담대하게 이 일을 행하라 두려워하지 말며 놀라지 말라 네가 여호와의 성전 공사의 모든 일을 마치기까지 여호와 하나님 나의 하나님이 너와 함께 계시사 네게서 떠나지 아니하시고 너를 버리지 아니하시리라

- **주제 말씀** 너는 강하고 담대하게 이 일을 행하라 두려워하지 말며 놀라지 말라 네가 여호와의 성전 공사의 모든 일을 마치기까지 여호와 하나님 나의 하나님이 너와 함께 계시사 네게서 떠나지 아니하시고 너를 버리지 아니하시리라(역대상 28:20).

- **생각 열기**
  - 오늘 본문 말씀에서 11-19절은 성전에 대해 상세히 설명합니다. 11-19절에 나오는 구체적인 지시들과 20절에서 다윗이 말한 용기가 어떤 관련이 있다고 생각합니까?

The 5-Minute Bible Study for Difficult Times

- 당신을 향한 하나님의 사명을 감당하는 데 두려움이 어떻게 방해가 됩니까?

● 묵상 두려우면 가슴이 빨리 뛰고 숨이 가빠집니다. 배도 아프고 손도 차집니다. 우리 몸이 위험에 대항해 싸우거나 달아나기 위해 이런 현상이 일어나는 것입니다. 그런 의미에서 두려움은 건강합니다. 두려움은 우리의 친구일 수 있습니다.
그러나 오늘날에는 싸움이나 도망이 선택 사항이 되지 못하는 경우가 많습니다. 이럴 때는 두려움이 친구가 될 수 없습니다. 오히려 하나님이 우리에게 원하시는 일을 하는 데 방해가 될 수 있습니다. 두려워하면 갈피를 잡지 못하게 되고, 이리저리 도망치는 토끼처럼 더 심각한 문제에 빠지게 됩니다. 오직 하나님만이 우리에게 정확한 방향을 제시하실 수 있습니다. 하나님은 성전을 세울 때 사람들을 보내 주셨던 것처럼 지금 우리에게도 그렇게 하실 수 있습니다.
하나님 말씀 안에는 하나님이 제시하는 방향이 있습니다. 따라서 우리는 아무리 두려워도 계속해서 나아갈 수 있습니다.

● 기도 하나님, 제게 힘과 용기를 주셔서 하나님을 위해 쓰임 받게 하소서. 너무 두려워하지 않게 하시고, 용기를 잃거나 멈추지 않게 하소서. 하나님이 항상 저와 함께하심을 기억하게 하소서.

63

마음이 복잡합니다

말씀 | 시편 32:8-11

8 내가 네 갈 길을 가르쳐 보이고 너를 주목하여 훈계하리로다 9 너희는 무지한 말이나 노새같이 되지 말지어다 그것들은 재갈과 굴레로 단속하지 아니하면 너희에게 가까이 가지 아니하리로다 10 악인에게는 많은 슬픔이 있으나 여호와를 신뢰하는 자에게는 인자하심이 두르리로다 11 너희 의인들아 여호와를 기뻐하며 즐거워할지어다 마음이 정직한 너희들아 다 즐거이 외칠지어다

- **주제 말씀** 내가 네 갈 길을 가르쳐 보이고 너를 주목하여 훈계하리로다(시편 32:8).

- **생각 열기**
  - 무슨 일로 마음이 복잡합니까? 당신을 갈등하게 하는 것이 무엇입니까?
  - 오늘 말씀은 기쁨과 찬양이 분명한 방향 감각을 갖는 데 직접적인 영향을 미친다고 말합니다. 정말 그런 것 같습니까? 기쁨과 찬양이 좀 더 분명하게 생각하는 데 도움이 되는지 오늘 한번 실행해 보겠습니까?

- **묵상** 우리는 어느 쪽을 선택해야 할지 갈등할 때가 많습니다. 우리 마음이 하라는 대로 해야 할까요, 아니면 책임감 있게 더 안전한 길로 가야 할까요? 돈에 대해 보수적이어야 할 때인가요, 아니면 과할 정도로 관대하게 써야 할 때인가요? 자녀에게 너무 많은 자유를 주는 것일까요, 아니면 과보호하는 것일까요? 솔직한 것이 잔인할 때인가요, 아니면 솔직함이 필요한 때인가요?

삶은 너무나 복잡합니다! 하지만 하나님은 우리를 인도한다고 약속하십니다. 우리가 하나님께로 돌아서서 오직 그분만 의지할 때, 모든 일이 더욱 분명해집니다. 우리는 우리 마음에서 일어나는 갈등을 해결하기 위해 하나님을 신뢰하며 그분의 변함없는 사랑 안에서 살 수 있습니다.

● 기도

사랑의 주님, 주님의 모든 성품과 주님이 하신 모든 일로 인해 주님을 찬양합니다. 제 마음을 순전하고 깨끗하게 하시고, 저를 이리저리 뒤흔드는 갈등에서 자유롭게 하소서. 제가 가야 할 최선의 길을 보여 주소서.

64

공포가 느껴집니다

말씀 | 시편 91편

1 지존자의 은밀한 곳에 거주하며 전능자의 그늘 아래에 사는 자여, 2 나는 여호와를 향하여 말하기를 그는 나의 피난처요 나의 요새요 내가 의뢰하는 하나님이라 하리니 3 이는 그가 너를 새 사냥꾼의 올무에서와 심한 전염병에서 건지실 것임이로다 4 그가 너를 그의 깃으로 덮으시리니 네가 그의 날개 아래에 피하리로다 그의 진실함은 방패와 손 방패가 되시나니 5 너는 밤에 찾아오는 공포와 낮에 날아드는 화살과 6 어두울 때 퍼지는 전염병과 밝을 때 닥쳐오는 재앙을 두려워하지 아니하리로다 7 천 명이 네 왼쪽에서, 만 명이 네 오른쪽에서 엎드러지나 이 재앙이 네게 가까이하지 못하리로다 8 오직 너는 똑똑히 보리니 악인들의 보응을 네가 보리로다 9 네가 말하기를 여호와는 나의 피난처시라 하고 지존자를 너의 거처로 삼았으므로 10 화가 네게 미치지 못하며 재앙이 네 장막에 가까이 오지 못하리니 11 그가 너를 위하여 그의 천사들을 명령하사 네 모든 길에서 너를 지키게 하심이라 12 그들이 그들의 손으로 너를 붙들어 발이 돌에 부딪히지 아니하게 하리로다 13 네가 사자와 독사를 밟으며 젊은 사자와 뱀을 발로 누르리로다 14 하나님이 이르시되 그가 나를 사랑한즉 내가 그를 건지리라 그가 내 이름을 안즉 내가 그를 높이리라 15 그가 내게 간구하리니 내가 그에게 응답하리라 그들이 환난 당할 때에 내가 그와 함께하여 그를 건지고 영화롭게 하리라 16 내가 그를 장수하게 함으로 그를 만족하게 하며 나의 구원을 그에게 보이리라 하시도다

- **주제 말씀**   나는 여호와를 향하여 말하기를 그는 나의 피난처요 나의 요새요 내가 의뢰하는 하나님이라 하리니(시편 91:2).

- **생각 열기**
  - 공포가 다른 감정과 어떻게 다르다고 생각합니까? 어떤 일 때문에 공포에 떱니까?
  - 성경이 어떻게 공포라는 독의 해독제가 됩니까? 핸드폰이나 수첩에 성경 구절을 써서 공포를 느낄 때마다 꺼내 보는 게 어떻겠습니까?

The 5-Minute Bible Study for Difficult Times

- **묵상**   공포(panic)라는 말의 원래 의미는 수백 년 전으로 거슬러 올라가 보면, 동물의 떼(혹은 사람들의 무리)가 합리적인 이유도 없이 어떤 감정에 휩쓸려 더 큰 위험으로 달려가는 것과 관계가 있습니다.

  사실 공포심을 유발한 원인은 실제로는 위험이 아닌 경우가 허다합니다. 갑자기 어디서 큰 소리가 난 것뿐인데 깜짝 놀라 공포심을 느끼는 것일 수 있습니다. 공포는 원래 개인적인 것이지만, 전 사회로 퍼져 나가 강력한 공포감을 형성하고 제대로 생각할 수 있는 능력을 잃어버리게 합니다.

  공포는 파괴적입니다. 공포가 우리 삶을 좌지우지하도록 내버려 두어서는 안 됩니다. 공포의 독성이 느껴지면 바로 하나님께로 돌아설 수 있어야 합니다. 오직 하나님만이 우리를 흔들리지 않게 지켜 주십니다. 그분은 우리의 피난처이시자 안전한 장소가 되십니다. 우리는 그분의 그늘 아래서 쉴 수 있습니다.

- **기도**   전능하신 하나님, 하나님의 깃으로 저를 덮으소서. 하나님의 날개로 저를 보호하소서. 하나님의 진실함이라는 갑옷으로 저를 보호하소서. 공포가 저를 사로잡으려고 할 때는 하나님이 저와 함께하시며 모든 위험(제 상상 속에만 존재하는 그런 위험들까지 포함해)에서 건지심을 기억하게 하소서.

65

길을 잃었습니다

말씀 | 누가복음 15:4-7

4 너희 중에 어떤 사람이 양 백 마리가 있는데 그중의 하나를 잃으면 아흔아홉 마리를 들에 두고 그 잃은 것을 찾아내기까지 찾아다니지 아니하겠느냐 5 또 찾아낸즉 즐거워 어깨에 메고 6 집에 와서 그 벗과 이웃을 불러 모으고 말하되 나와 함께 즐기자 나의 잃은 양을 찾아내었노라 하리라 7 내가 너희에게 이르노니 이와 같이 죄인 한 사람이 회개하면 하늘에서는 회개할 것 없는 의인 아흔아홉으로 말미암아 기뻐하는 것보다 더하리라

- **주제 말씀**   또 찾아낸즉 즐거워 어깨에 메고 집에 와서 그 벗과 이웃을 불러 모으고 말하되 나와 함께 즐기자 나의 잃은 양을 찾아내었노라 하리라(누가복음 15:5-6).

- **생각 열기**
  - 길을 잃은 듯한 느낌은 다양한 상황에서 기인할 수 있습니다. 무엇 때문에 길을 잃은 것 같습니까?
  - 당신은 길을 잃은 양이고, 하나님은 당신을 찾아 안전하게 품에 안을 때까지 포기하지 않고 찾으시는 목자라고 상상해 보십시오.
  - 우리는 정말 하나님을 떠나 길을 잃었던 존재라고 생각합니까?

- **묵상**   복음서에서 예수님은 아주 유사한 세 가지 이야기를 들려주십니다. 이 이야기에서는 목자가 잃어버린 양을 찾습니다. 또 다른 이야기에서는 한 여인이 잃어버린 동전을 찾을 때까지 집을 샅샅이 뒤지다가 찾고 나서는 친구들과 그 기쁨을 나눕니

다. 세 번째 이야기에서는 한 아버지의 아들이 집을 나갔다가 결국 다시 돌아오는데, 아버지가 그 아들을 사랑과 환대로 맞이합니다. 이 이야기들에서 하나님은 목자, 여인, 아버지로 대변됩니다. 하나님은 길을 잃은 것에 대해 비난하지 않으십니다. 그리고 잃어버린 것을 찾은 기쁨은 하나님 나라 전체에 퍼집니다.

길을 잃었다는 느낌이 들 때 하나님이 우리를 찾으실 것을 확신하면 안심할 수 있습니다. 하나님은 반드시 우리를 찾으실 것입니다. 그리고 하나님이 우리를 찾으시면 천사들도 기뻐할 것입니다.

- **기도** 예수님, 제가 길을 잃었다고 책망하지 않으시니 감사합니다. 예수님이 저를 집으로 돌아오게 하실 것을 신뢰하게 하시니 참 감사합니다.

육체적인 고통 때문에 비참합니다

말씀 | 잠언 17:22-24
22 마음의 즐거움은 양약이라도 심령의 근심은 뼈를 마르게 하느니라 23 악인은 사람의 품에서 뇌물을 받고 재판을 굽게 하느니라 24 지혜는 명철한 자 앞에 있거늘 미련한 자는 눈을 땅끝에 두느니라

- 주제 말씀   마음의 즐거움은 양약이라도 심령의 근심은 뼈를 마르게 하느니라 (잠언 17:22).

- 생각 열기
  - 감정과 육체의 고통이 연결되어 있다는 것을 압니까? 육체가 아프면 감정적으로 낙심되는 것이 사실입니다. 하지만 우울한 태도가 육체적 고통을 더 심하게 만드는 것 같지 않습니까?
  - 22절과 그 뒤에 나오는 23, 24절 사이에 어떤 연관성이 있을까요?

- 묵상   우리는 종종 육체를 정신이나 영혼과 분리된 것으로 생각합니다. 육신의 고통을 감정적으로 또는 영적으로 짊어져야 할 짐으로 보는데, 어떤 면에서는 맞습니다. 하지만 또 다른 면에서는 성경과 현대 과학이 명시하듯이, 우리 육체를 정신이나 영혼과 분리할 수 없습니다. 몸에 좋은 것은 마음과 영혼에도 좋습니다. 그리고 마음과 영혼에 나쁜 것은 몸에도 해를 끼칠 수 있습니다. 현명하고 분별력 있는 사람이라면, 비참함을 달래 줄 것을 찾아 여기저기 기웃거리지 않을 것입니다. 오히려 시

간을 내어 영적 뿌리에서부터 육체의 고통까지 자신을 샅샅이 살펴볼 것입니다.

몸이 아프면 기분이 좋을 수 없고, 몸 상태가 좋아질 수도 없습니다. 하지만 불평하기보다 즐거워하는 쪽을 택할 수 있습니다. 이것이 바로 하나님이 우리에게 주시는 치료제입니다.

● 기도

하나님, 움직일 때마다 통증이 있는데도 즐거워한다는 것이 얼마나 힘든지 아시지요. 너무 고통스러워서 신음이 절로 나고 짜증이 납니다. 제 삶을 향한 하나님의 뜻이 무엇이든지 간에 그것을 받아들일 용기를 주소서. 비참한 마음일지라도 하나님의 기쁨을 선택할 지혜를 주소서.

감정을 주체할 수 없습니다

말씀 | 전도서 3:1-8

1 범사에 기한이 있고 천하만사가 다 때가 있나니 2 날 때가 있고 죽을 때가 있으며 심을 때가 있고 심은 것을 뽑을 때가 있으며 3 죽일 때가 있고 치료할 때가 있으며 헐 때가 있고 세울 때가 있으며 4 울 때가 있고 웃을 때가 있으며 슬퍼할 때가 있고 춤출 때가 있으며 5 돌을 던져 버릴 때가 있고 돌을 거둘 때가 있으며 안을 때가 있고 안는 일을 멀리할 때가 있으며 6 찾을 때가 있고 잃을 때가 있으며 지킬 때가 있고 버릴 때가 있으며 7 찢을 때가 있고 꿰맬 때가 있으며 잠잠할 때가 있고 말할 때가 있으며 8 사랑할 때가 있고 미워할 때가 있으며 전쟁할 때가 있고 평화할 때가 있느니라

- **주제 말씀** 범사에 기한이 있고 천하만사가 다 때가 있나니… 울 때가 있고 웃을 때가 있으며 슬퍼할 때가 있고 춤출 때가 있으며(전도서 3:1, 4).

- **생각 열기**
  - 오늘 말씀은 우리 삶에서 일어나는 부정적이고 긍정적인 감정 사이의 상호 작용에 대해 뭐라고 말합니까?
  - 당신은 부정적인 감정을 갖는 데 대해 죄책감을 느낍니까?

- **묵상** 강한 사람들은 감정에 치우치지 않을 거라고 생각하기 쉽습니다. 그러나 성경은 그렇게 말하지 않습니다. 예수님을 비롯해 믿음의 위대한 영웅들도 주체할 수 없는 감정을 경험했습니다. 분노에 휩싸이거나, 슬퍼서 울거나, 기쁨에 겨워 춤췄습니다. 웃으면서 소리 지르기도 했습니다.
  감정을 갖는 것은 잘못이 아닙니다. 감정은 우리 삶의 일부입니다. 하나님이 우리 삶을 풍성하게 하시려고 주신 선물이라고 말해도 좋습니다. 그렇다고 하나님이 의도하신 이상으로

감정에 치우치거나, 감정 때문에 그분의 사랑 안에 거한다는 확신을 빼앗겨도 된다는 말은 아닙니다. 하지만 오늘 본문 말씀이 보여 주듯, 모든 일에는 다 때가 있습니다. 삶의 모든 단계(그 단계에 따른 각각의 상황과 그 안에서 느끼는 우리의 감정)는 우리 자신과 우리를 사랑하는 하나님에 대해 무언가를 가르쳐 줍니다.

● 기도   기쁨과 슬픔을 주관하시는 주님, 감정도 주님이 창조하신 것임을 기억하게 하소서. 감정이 저를 지배하지 못하게 하시고, 그 감정을 통해 주님께 영광 돌리게 하소서.

68

이 비밀 때문에 죽을 것 같습니다

말씀 | 히브리서 4:12-16

12 하나님의 말씀은 살아 있고 활력이 있어 좌우에 날 선 어떤 검보다도 예리하여 혼과 영과 및 관절과 골수를 찔러 쪼개기까지 하며 또 마음의 생각과 뜻을 판단하나니 13 지으신 것이 하나도 그 앞에 나타나지 않음이 없고 우리의 결산을 받으실 이의 눈앞에 만물이 벌거벗은 것같이 드러나느니라 14 그러므로 우리에게 큰 대제사장이 계시니 승천하신 이 곧 하나님의 아들 예수시라 우리가 믿는 도리를 굳게 잡을지어다 15 우리에게 있는 대제사장은 우리의 연약함을 동정하지 못하실 이가 아니요 모든 일에 우리와 똑같이 시험을 받으신 이로되 죄는 없으시니라 16 그러므로 우리는 긍휼하심을 받고 때를 따라 돕는 은혜를 얻기 위하여 은혜의 보좌 앞에 담대히 나아갈 것이니라

- **주제 말씀** 지으신 것이 하나도 그 앞에 나타나지 않음이 없고 우리의 결산을 받으실 이의 눈앞에 만물이 벌거벗은 것같이 드러나느니라(히브리서 4:13).

- **생각 열기**
  - 왜 다른 사람들(그리고 하나님, 심지어 자기 자신)에게 비밀을 가지려고 합니까? 그 동기가 무엇입니까? 수치심이나 자존심, 아니면 또 다른 동기가 있습니까?
  - 하나님께는 아무것도 숨길 수 없다는 사실을 생각하면 위로가 됩니까, 아니면 두렵습니까?
  - 이 비밀이 밝혀지면 어떤 대가가 따릅니까? 치유가 될 것 같습니까, 아니면 더 큰 해를 초래할 것 같습니까?

- **묵상** 어두운 곳에 오래 방치되어 썩고 있는 것들은 우리 인생에 어떤 방식으로든 스며들게 됩니다. "눈에서 멀어지면 마음에서도 멀어진다."라는 말은 그 일의 영향력이 사라진다는 의미가

아닙니다. 비밀은 강력하고 치명적인 독이 될 수 있습니다.
수치심이나 죄책감(이 둘은 다릅니다) 때문에 진실을 숨길 수 있습니다. 성적인 죄를 저지르고 그것을 비밀로 하고 있는 사람이 많습니다. 그런 비밀을 드러내는 것은 너무나 끔찍해 보입니다. 하지만 드러내는 것만이 진정으로 치유되는 길일 수 있습니다. 어둠 속에서는 위협적으로 보이던 것이 일단 한번 빛으로 나오게 되면 좀 더 다뤄 볼 만한 일임이 증명됩니다.
오늘 본문 말씀은 어떤 것도 하나님께 숨길 수 없다는 사실을 상기시켜 줍니다. 우리가 어떤 비밀을 간직하고 있든(그것이 우리 자신의 비밀이든, 다른 사람의 비밀이든) 하나님은 그 모든 것을 아십니다. 그리고 그분은 우리 마음에서 그 무게를 덜어 주고 싶어 하십니다.

● 기도

예수님, 제 모든 연약함을 이해하시니 감사합니다. 제가 지금까지 숨겨 온 이 끔찍한 비밀을 어떻게 해야 할지 용기와 분별력을 주소서. 예수님 손에 맡깁니다.

69

자신감이 부족합니다

말씀 | 고린도후서 10:12-18

12 우리는 자기를 칭찬하는 어떤 자와 더불어 감히 짝하며 비교할 수 없노라 그러나 그들이 자기로써 자기를 헤아리고 자기로써 자기를 비교하니 지혜가 없도다 13 그러나 우리는 분수 이상의 자랑을 하지 않고 오직 하나님이 우리에게 나누어 주신 그 범위의 한계를 따라 하노니 곧 너희에게까지 이른 것이라 14 우리가 너희에게 미치지 못할 자로서 스스로 지나쳐 나아간 것이 아니요 그리스도의 복음으로 너희에게까지 이른 것이라 15 우리는 남의 수고를 가지고 분수 이상의 자랑을 하는 것이 아니라 오직 너희 믿음이 자랄수록 우리의 규범을 따라 너희 가운데서 더욱 풍성하여지기를 바라노라 16 이는 남의 규범으로 이루어 놓은 것으로 자랑하지 아니하고 너희 지역을 넘어 복음을 전하려 함이라 17 자랑하는 자는 주 안에서 자랑할지니라 18 옳다 인정함을 받는 자는 자기를 칭찬하는 자가 아니요 오직 주께서 칭찬하시는 자니라

- **주제 말씀** 우리는 자기를 칭찬하는 어떤 자와 더불어 감히 짝하며 비교할 수 없노라 그러나 그들이 자기로써 자기를 헤아리고 자기로써 자기를 비교하니 지혜가 없도다 그러나 우리는 분수 이상의 자랑을 하지 않고 오직 하나님이 우리에게 나누어 주신 그 범위의 한계를 따라 하노니 곧 너희에게까지 이른 것이라(고린도후서 10:12-13).

- **생각 열기**
  - 자신감이 없는 이유가 다른 사람과 비교하기 때문입니까?
  - 당신만의 독특한 능력을 드러내는 것이 죄책감이 들거나 당황스럽습니까? 왜 그렇습니까?
  - 하나님은 당신이 하나님께 받은 재능을 어떻게 하기를 원하실 것 같습니까?

- **묵상** 자신감은 건강하고 생산적인 인간이 되는 데 필수입니다. 자

The 5-Minute Bible Study for Difficult Times

신감이 없으면 하나님이 주신 사명을 감당하기가 두려워집니다. 특히 그리스도인들은 많은 경우 자신의 힘을 주장하는 것을 두려워합니다. 자신감과 자만에 찬 교만을 혼동하기 때문입니다.

바울은 오늘 본문 말씀을 통해 이기적이고 자만에 찬 자랑과 하나님이 당신에게 주신 재능을 겸손히 인정하는 것이 얼마나 다른지 분명히 말합니다. 하나님께 독특한 능력을 받았다는 사실을 인정하지 않는 것은 마치 목수가 망치를 받고서도 (겸손하겠다는 생각으로) 그것을 사용하기를 거부하는 것과 같습니다. 하나님은 우리가 능력을 잘 발휘하여 하나님 나라를 세우는 데 확신 있게 사용하기를 원하십니다.

- **기도** 은혜의 하나님, 제게 재능을 주셔서 감사합니다. 자신감이 부족해서 하나님이 주신 재능을 제대로 알아보지 못하고 그것으로 하나님을 섬기지 못하는 일이 없게 도와주소서.

70

자기비판을 심하게 합니다

말씀 | 시편 55:16-22

16 나는 하나님께 부르짖으리니 여호와께서 나를 구원하시리로다 17 저녁과 아침과 정오에 내가 근심하여 탄식하리니 여호와께서 내 소리를 들으시리로다 18 나를 대적하는 자 많더니 나를 치는 전쟁에서 그가 내 생명을 구원하사 평안하게 하셨도다 19 옛부터 계시는 하나님이 들으시고 그들을 낮추시리이다 (셀라) 그들은 변하지 아니하며 하나님을 경외하지 아니함이니이다 20 그는 손을 들어 자기와 화목한 자를 치고 그의 언약을 배반하였도다 21 그의 입은 우유 기름보다 미끄러우나 그의 마음은 전쟁이요 그의 말은 기름보다 유하나 실상은 뽑힌 칼이로다 22 네 짐을 여호와께 맡기라 그가 너를 붙드시고 의인의 요동함을 영원히 허락하지 아니하시리로다

- **주제 말씀** 나는 하나님께 부르짖으리니 여호와께서 나를 구원하시리로다(시편 55:16).

- **생각 열기**
  - 이 시편 말씀은 외부에서 일어나는 전투를 이야기합니다. 하지만 가장 치열한 전투는 우리 마음 안에서 격렬하게 일어날 때가 많습니다. 당신은 어떤 방식으로 자신을 공격합니까?
  - 자신에 대해 가장 싫어하는 점이 무엇입니까? 그것을 하나님께 내어드리고 하나님이 당신을 정말로 붙들어 주실 것을 믿을 수 있습니까?(22절)

- **묵상** 자기비판은 우리 내적인 힘을 공격하는 날카로운 칼과 같습니다. 그런 비판은 하나님이 우리에게 주신 평화를 깨뜨립니다. 심지어 하나님이 우리에게 주신 약속을 어기셨다고 믿도록 만들기도 합니다. 자기비판은 겸손이나 자기를 낮추는 모습으로

The 5-Minute Bible Study for Difficult Times

보일 수 있지만 실제로는 하나님이 우리에게 주신 모든 것에 대한 사탄의 공격입니다.
자신을 무가치하다고 말하는 내적 목소리를 제대로 처리할 수 있어야 합니다. 하지만 때로는 마치 기름처럼 우리 마음으로 미끄러져 들어오는 그런 속삭임에 대항하지 못할 수도 있습니다. 그럴 때는 바로 하나님께로 나아가 도움을 청해야 합니다. 하나님은 우리 안에서 벌어지는 이 싸움에서 우리를 건지십니다. 그분의 사랑이 우리를 견고하게 합니다.

● 기도   사랑의 주님, 주님께 도움을 구합니다. 원수가 제 마음 안에 있는데 어떻게 싸워야 할지 모르겠습니다. 저를 구해 주소서.

자해 충동을 느낍니다

말씀 | 고린도전서 6:19-20

19 너희 몸은 너희가 하나님께로부터 받은 바 너희 가운데 계신 성령의 전인 줄을 알지 못하느냐 너희는 너희 자신의 것이 아니라 20 값으로 산 것이 되었으니 그런즉 너희 몸으로 하나님께 영광을 돌리라

- 주제 말씀 너희 몸은 너희가 하나님께로부터 받은 바 너희 가운데 계신 성령의 전인 줄을 알지 못하느냐 너희는 너희 자신의 것이 아니라(고린도전서 6:19).

- 생각 열기
  - 자기 몸을 의도적으로 다치게 한 적이 있습니까? (아니면 지금 그렇습니까?) 만약 그렇다면 그 이유가 무엇입니까?
  - 자해를 하면 하나님이 어떤 기분이실까요? 당신에게 화를 내실까요, 아니면 고통스러워하실까요?

- 묵상 자해는 다른 사람에게 숨기는 가장 치명적인 비밀 중 하나입니다. 자해는 여러 가지 형태가 있습니다. 칼로 몸을 다치게 하거나, 마약이나 술을 남용하거나, 폭식이나 거식 같은 행위를 하는 것도 다 자해입니다. 하지만 그 모양이 어떠하든 이런 행위는 모두 우리 내면의 아주 깊은 심리적 고통을 해결해 보려는 시도라고 할 수 있습니다.

  자해 습관을 고치기란 쉽지 않습니다. 그리 단순한 일이 아닙니다. 이 습관을 가진 사람은 전문적인 도움이 필요합니다. 이를 인정하고 도움을 구하는 것이 제일 어려운 일일 수도 있습

니다. 하지만 우리 몸은 성령의 전이며, 예수님이 피로 사신 것임을 상기한다면 용기를 낼 수 있을 것입니다.

하나님은 우리를 너무나도 사랑하십니다. 우리 육체와 우리 상처 입은 마음과 우리 영광스러운 영혼 모두 다 그분의 사랑 안에 있습니다. 하나님은 우리가 우리 몸을 해치는 자기혐오에서 벗어나기를 간절히 원하십니다. 하나님은 우리가 치유받기를 원하십니다.

● 기도

예수님, 이 습관이 너무 부끄러워서 스스로 인정하는 것조차 혐오스럽습니다. 이 비밀을 비밀스러운 공간에 넣어 두었다가 필요하다고 느낄 때마다 꺼내 옵니다. 너무 오랫동안 이렇게 해왔기 때문에 도저히 맞서 싸울 용기가 없습니다. 저를 도와주소서. 제 몸과 마음과 영혼, 온 존재로 예수님을 영화롭게 해드리고 싶습니다.

72

과거가 저를 짓누릅니다

말씀 | 고린도후서 5:17-19

17 그런즉 누구든지 그리스도 안에 있으면 새로운 피조물이라 이전 것은 지나갔으니 보라 새것이 되었도다 18 모든 것이 하나님께로서 났으며 그가 그리스도로 말미암아 우리를 자기와 화목하게 하시고 또 우리에게 화목하게 하는 직분을 주셨으니 19 곧 하나님께서 그리스도 안에 계시사 세상을 자기와 화목하게 하시며 그들의 죄를 그들에게 돌리지 아니하시고 화목하게 하는 말씀을 우리에게 부탁하셨느니라

- 주제 말씀 그런즉 누구든지 그리스도 안에 있으면 새로운 피조물이라 이전 것은 지나갔으니 보라 새것이 되었도다(고린도후서 5:17).

- 생각 열기
  - 당신의 과거가 현재를 어떻게 짓누르고 있습니까?
  - 과거는 정말로 지나갔다고 느낍니까? 아니면 아직 당신의 성장을 방해하면서 주변을 맴돌고 있다고 느낍니까?

- 묵상 오늘 성경 말씀의 메시지는 정말로 좋은 소식입니다! 이거 하지 마라, 저거 하지 마라 식의 비관적인 메시지가 아니라, 기쁨과 소망이 가득한 소식입니다. 오늘 말씀은 우리를 향한 하나님의 비전을 보여 주는 멋진 표현들입니다.
고통스럽고 수치스럽고 깨어진 옛 삶은 더 이상 우리를 붙들지 못합니다. 그리스도를 통해 우리는 새롭게 태어났습니다. 우리는 새롭게 시작합니다. 과거는 보내 버리고 하나님 그리고 다른 사람들과 새로운 관계를 경험합니다.
오늘 말씀은 "이전 것은 지나갔으니 보라 새것이 되었도다"라

고 표현합니다.

- **기도** 예수님, 주님 안에서 누리게 된 이 새로운 삶에 감사합니다. 과거의 모든 파괴적인 습관과 행동, 태도들을 벗어 버리게 도와주소서. 새로운 피조물이 되게 하셔서 예수님과 매일 함께하며 예수님을 더욱 닮아 가게 하소서.

73

왜 저는 스스로를 망가뜨릴까요

말씀 | 로마서 8:1-17

1 그러므로 이제 그리스도 예수 안에 있는 자에게는 결코 정죄함이 없나니 2 이는 그리스도 예수 안에 있는 생명의 성령의 법이 죄와 사망의 법에서 너를 해방하였음이라 3 율법이 육신으로 말미암아 연약하여 할 수 없는 그것을 하나님은 하시나니 곧 죄로 말미암아 자기 아들을 죄 있는 육신의 모양으로 보내어 육신에 죄를 정하사 4 육신을 따르지 않고 그 영을 따라 행하는 우리에게 율법의 요구가 이루어지게 하려 하심이니라 5 육신을 따르는 자는 육신의 일을, 영을 따르는 자는 영의 일을 생각하나니 6 육신의 생각은 사망이요 영의 생각은 생명과 평안이니라 … 9 만일 너희 속에 하나님의 영이 거하시면 너희가 육신에 있지 아니하고 영에 있나니 누구든지 그리스도의 영이 없으면 그리스도의 사람이 아니라 10 또 그리스도께서 너희 안에 계시면 몸은 죄로 말미암아 죽은 것이나 영은 의로 말미암아 살아 있는 것이니라 11 예수를 죽은 자 가운데서 살리신 이의 영이 너희 안에 거하시면 그리스도 예수를 죽은 자 가운데서 살리신 이가 너희 안에 거하시는 그의 영으로 말미암아 너희 죽을 몸도 살리시리라 … 17 자녀이면 또한 상속자 곧 하나님의 상속자요 그리스도와 함께 한 상속자니 우리가 그와 함께 영광을 받기 위하여 고난도 함께 받아야 할 것이니라

- 주제 말씀　　육신의 생각은 사망이요 영의 생각은 생명과 평안이니라(로마서 8:6).

- 생각 열기　　• 과거에 어떤 방식으로 자신을 망가뜨렸습니까?
　　　　　　　• 자신을 망가뜨리는 행동을 한 이유가 무엇입니까? 두려움이나 자기혐오, 수치심, 아니면 다른 어떤 것 때문입니까? 신뢰할 수 있는 사람과 이 문제를 가지고 함께 이야기를 나누어 보면 그 사람의 분별력과 사랑이 도움이 될 것입니다.

- 묵상　　　　자기 태만은 전혀 합리적이지 않습니다. 왜 스스로 목표를 달

The 5-Minute Bible Study for Difficult Times

성하지 못하도록 막습니까? 하지만 대부분의 사람이 한두 번은 이런 자기 배신적인 행동을 저질렀을 것입니다. 당시에는 이런 행동인 줄 모를 수도 있는데, 면밀히 볼 수 있도록 지혜로워야 합니다. 잘못된 길로 이끄는 행동을 반복한다면 스스로 성장을 가로막고 있는 것입니다. 파괴적인 관계를 맺는 것일 수도 있고, 중요한 순간에 머뭇거리는 것일 수도 있는데, 이런 것들로 인해 생명을 주는 기회들을 놓치게 됩니다.

그 형태가 무엇이든 간에 자기를 망치는 행동은 일종의 무의식적인 죄입니다. 하나님이 우리에게 주신 생명에서 벗어나 죽음으로 우리를 이끌어 갑니다. 하지만 우리는 더 이상 죽음의 노예일 필요가 없습니다. 예수님이 우리를 풀어 주셨으며, 그분의 영이 우리를 새로운 길로 인도하시기 때문입니다.

● 기도

성령님, 그동안 제가 어떻게 저 자신을 망쳐 왔는지 알게 하소서. 더는 저 자신을 속이고 싶지 않습니다. 성령님이 창조하신 원래의 모습이 될 용기를 주소서.

74

돈을 더 갖고 싶습니다

말씀 | 히브리서 13:5-8

5 돈을 사랑하지 말고 있는 바를 족한 줄로 알라 그가 친히 말씀하시기를 내가 결코 너희를 버리지 아니하고 너희를 떠나지 아니하리라 하셨느니라 6 그러므로 우리가 담대히 말하되 주는 나를 돕는 이시니 내가 무서워하지 아니하겠노라 사람이 내게 어찌하리요 하노라 7 하나님의 말씀을 너희에게 일러 주고 너희를 인도하던 자들을 생각하며 그들의 행실의 결말을 주의하여 보고 그들의 믿음을 본 받으라 8 예수 그리스도는 어제나 오늘이나 영원토록 동일하시니라

- **주제 말씀** 돈을 사랑하지 말고 있는 바를 족한 줄로 알라 그가 친히 말씀하시기를 내가 결코 너희를 버리지 아니하고 너희를 떠나지 아니하리라 하셨느니라(히브리서 13:5).

- **생각 열기**
  - 돈을 더 갖고 싶어 하는 열망이 하나님과 당신 사이를 방해할 수 있다고 생각합니까?
  - 돈을 더 갖고 싶어 하는 것과 하나님을 신뢰하지 못하는 것이 어떻게 연관되어 있다고 생각합니까?
  - 오늘 본문 말씀은 예수님이 어제나 오늘이나 영원히 동일하시다(8절)는 사실을 상기시키며 끝맺고 있는데, 왜 그런 것 같습니까? 이것이 돈과 관련이 있을까요? 돈과 관련이 있다면 어떻게 관련이 있는 것 같습니까?

- **묵상** 돈을 더 갖고 싶어 하는 것은 많은 사람의 공통된 마음일 것입니다. 돈이 많으면 하고 싶은 일을 더 할 수 있고, 갖고 싶은 것을 마음껏 가질 수 있기 때문입니다. 하지만 아무리 돈이 많

The 5-Minute Bible Study for Difficult Times

아도 충분하지 않다고 느낄 수 있습니다.
돈은 실재가 아니라는 점을 우리는 종종 잊습니다. 돈은 사실 인간이 노동의 가치와 물건의 가치를 매기기 위해서 만들어 낸 도구일 뿐입니다. 돈 그 자체는 그저 종이나 금속일 뿐입니다. 그러나 우리는 돈에 너무 많은 의미를 담아 버립니다. 우리 자신의 가치, 권력과 명예를 추구하는 열망, 그리고 돈이 더 있다면 우리 마음 빈 곳을 채울 수 있으리라는 기대를 합니다. 돈이 삶의 위험으로부터 우리를 안전하게 지켜 줄 거라고 생각하기도 합니다.
하지만 하나님만이 그런 일을 하실 수 있습니다. 하나님은 우리에게 필요한 것을 아시고 그것을 충분히 주십니다. 하나님은 신뢰할 수 있는 분이십니다.

● 기도   예수님, 돈은 있었다 없었다 하지만 예수님은 언제나 동일하십니다. 예수님만이 유일한 안전의 근원이십니다. 예수님만 의지하도록 저를 가르치소서.

75

제가 이기적이라는 걸 압니다

말씀 | 빌립보서 2:4-9
4 각각 자기 일을 돌볼뿐더러 또한 각각 다른 사람들의 일을 돌보아 나의 기쁨을 충만하게 하라 5 너희 안에 이 마음을 품으라 곧 그리스도 예수의 마음이니 6 그는 근본 하나님의 본체시나 하나님과 동등됨을 취할 것으로 여기지 아니하시고 7 오히려 자기를 비워 종의 형체를 가지사 사람들과 같이 되셨고 8 사람의 모양으로 나타나사 자기를 낮추시고 죽기까지 복종하셨으니 곧 십자가에 죽으심이라 9 이러므로 하나님이 그를 지극히 높여 모든 이름 위에 뛰어난 이름을 주사

- 주제 말씀   너희 안에 이 마음을 품으라 곧 그리스도 예수의 마음이니(빌립보서 2:5).

- 생각 열기
  - 예수님이 이기적인 인간이셨다고 상상해 보십시오. 그분의 인생이 어떻게 변했을 것 같습니까?
  - 당신은 예수님을 당신의 롤 모델로 생각합니까?
  - 예수님을 흉내 내는 것이 사회적 표준이 된다면 세상이 어떻게 될 것 같습니까?

- 묵상   이기심은 다른 사람들의 필요는 보지 못한 채 자기의 재능이나 외모, 특권, 혹은 다른 어떤 자질만을 드러내려는 마음을 갖게 합니다. 이기심이 작동하면 자기도 모르게 마음 깊은 곳에서 자신이 다른 사람보다 더 낫다고 생각하게 됩니다. 또한 다른 사람이 상처를 받든 말든, 자기만의 방식을 추구하도록 몰아갑니다.
이기심은 우리 사회 깊숙이 스며들어 있습니다. 그래서 너무

나 자연스러워 보입니다. 그러나 이기심으로 인해 개인적인 차원에서는 우리의 관계가 상처를 받고, 사회적인 차원에서는 지구가 오염되며, 전쟁과 가난이 끊이지 않고, 편견과 차별, 파벌주의가 발생하게 됩니다.

모두 힘을 합해 노력하지 않는 한, 우리 사회 전체를 바꾸는 것은 불가능합니다. 하지만 우리가 가장 먼저 첫 단계에 할 수 있는 중요한 일이 있습니다. 바로 하나님께서 우리 마음을 변화시키시도록 자신을 내어드리는 것입니다. 우리는 예수님의 모습을 닮아 갈 수 있습니다.

- 기도

예수님, 주님을 가까이 따르도록 저를 가르치소서. 우리가 사는 세상을 변화시켜 주소서. 하지만 먼저 저를 변화시켜 주소서. 저를 주님의 형상으로 회복시켜 주소서. 주님을 닮고 싶습니다.

76

제 뜻대로 하고 싶습니다

말씀 | 베드로전서 4:1-8, 현대인의성경

1 그리스도께서 육체의 고통을 겪으셨으니 여러분도 같은 마음가짐으로 무장하십시오. 육체의 고통을 겪은 사람은 벌써 죄와 관계를 끊은 것입니다. 2 이제부터 여러분은 남은 생애를 인간적인 욕망을 위해 살지 말고 하나님의 뜻을 위해 사십시오. 3 여러분도 전에는 이방인들이 즐기던 방탕과 정욕과 술 취함과 진탕 마시고 흥청망청 떠드는 것과 우상 숭배에 빠져 살았지만 이제 다 지나간 일에 불과합니다. 4 그래서 그들은 방탕한 일에 여러분이 함께 어울리지 않는 것을 이상히 여겨 비난하고 있습니다. 5 그러나 그들은 산 사람과 죽은 사람을 심판하실 분에게 자기들이 행한 일을 낱낱이 고해 바쳐야 할 것입니다. 6 그래서 지금 죽어 있는 사람들에게도 기쁜 소식이 전파되었는데 이것은 그들이 육체로는 모든 사람처럼 심판을 받으나 영으로는 하나님의 뜻에 따라 살게 하려는 것입니다. 7 세상의 마지막이 가까웠으니 정신을 차리고 자제하여 기도하십시오. 8 무엇보다도 열심으로 서로 사랑하십시오. 사랑은 많은 죄를 덮어 줍니다.

- **주제 말씀** 그리스도께서 육체의 고통을 겪으셨으니 여러분도 같은 마음가짐으로 무장하십시오. 육체의 고통을 겪은 사람은 벌써 죄와 관계를 끊은 것입니다(베드로전서 4:1, 현대인의성경).

- **생각 열기**
  - 삶에서 내 방식을 내려놓는 일이 가장 어려운 영역은 어디입니까?
  - 당신 뜻대로 하지 못하면 괴롭습니까? 어떻게 해야 이 고통을 영적으로 사용하여 좀 더 예수님을 닮을 수 있겠습니까?

- **묵상** 우리는 아기였을 때부터 우리 마음대로 되지 않으면 울고 실망스러워합니다. 나이가 들면서는 원하는 것을 얻기 위해 소리 지르고 성질을 부리는 대신 다른 방법을 찾습니다. 본심을

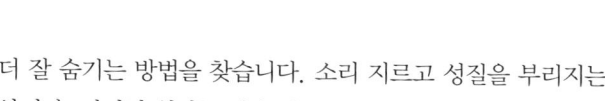

더 잘 숨기는 방법을 찾습니다. 소리 지르고 성질을 부리지는 않지만, 여전히 원하는 것을 갖고 싶어 합니다.

예수님도 이 문제로 씨름하셨습니다. 겟세마네 동산에서 십자가가 아닌 다른 길을 열어 달라고 하나님 아버지께 땀이 핏방울같이 될 때까지 기도하신 모습을 보면 알 수 있습니다. 예수님도 인간이셨기에 고난과 죽음에서 벗어나게 해달라고 기도하셨습니다. 하지만 그렇다 해도 예수님은 모든 상황을 아버지 손에 맡기셨습니다. 그리고 이렇게 기도하셨습니다. "내 원대로 마시옵고 아버지의 원대로 되기를 원하나이다"(눅 22:42).

예수님의 본을 따를 용기가 있습니까?

● 기도

예수님, 저를 제 이기심의 독재로부터 자유하게 하소서. 내 뜻대로 되기를 원하는 아기 같은 습관에서 벗어나 성장하게 하소서. 예수님이 겟세마네 동산에서 하셨던 것처럼 저도 성령의 역사에 온전히 깨어 있게 하소서.

77

자살을 생각하고 있습니다

말씀 | 열왕기상 19:3-9

3 그가 이 형편을 보고 일어나 자기의 생명을 위해 도망하여 유다에 속한 브엘세바에 이르러 자기의 사환을 그곳에 머물게 하고 4 자기 자신은 광야로 들어가 하룻길쯤 가서 한 로뎀 나무 아래에 앉아서 자기가 죽기를 원하여 이르되 여호와여 넉넉하오니 지금 내 생명을 거두시옵소서 나는 내 조상들보다 낫지 못하니이다 하고 5 로뎀 나무 아래에 누워 자더니 천사가 그를 어루만지며 그에게 이르되 일어나서 먹으라 하는지라 6 본즉 머리맡에 숯불에 구운 떡과 한 병 물이 있더라 이에 먹고 마시고 다시 누웠더니 7 여호와의 천사가 또다시 와서 어루만지며 이르되 일어나 먹으라 네가 갈 길을 다 가지 못할까 하노라 하는지라 8 이에 일어나 먹고 마시고 그 음식물의 힘을 의지하여 사십 주 사십 야를 가서 하나님의 산 호렙에 이르니라 9 엘리야가 그곳 굴에 들어가 거기서 머물더니 여호와의 말씀이 그에게 임하여 이르시되 엘리야야 네가 어찌하여 여기 있느냐

- **주제 말씀** 여호와의 천사가 또다시 와서 어루만지며 이르되 일어나 먹으라 네가 갈 길을 다 가지 못할까 하노라 하는지라(열왕기상 19:7).

- **생각 열기**
  - 자살을 생각하고 있다면 누군가에게 말해야 합니다. 혼자 감당하기에는 너무 큰 문제이기 때문입니다. 정기적으로 성경을 읽고 기도하는 습관이 마음을 치유하는 첫 출발이 될 수 있습니다. 하지만 하나님은 사람들, 많은 경우 숙련된 전문가들을 사용하셔서 이런 심각한 사안들을 직접 다루도록 하십니다. 지금 도움을 받으십시오.
  - 자살 충동이 들 때, 수치심이나 두려움, 우울, 낙망 혹은 이 모든 감정이 뒤섞여 있습니까? 이 고통을 하나님께 내어드릴 수 있겠습니까?

● 묵상　　위대한 선지자 엘리야도 용기를 잃고 죽고 싶어 했습니다. 그는 두려웠고, 외로웠고, 지쳤고, 삶의 의지를 잃었습니다. 그런데 하나님이 천사를 보내 엘리야를 도우십니다. 이때 하나님은 엄청나고 기적적인 해결책을 주신 것이 아닙니다. 천사는 그저 작고 실제적인 일을 했습니다. 엘리야에게 먹고 마실 것을 준 것입니다.

삶을 포기하고 싶을 때, 삶과 죽음 중 하나를 택해야 할 엄청난 상황이 아님을 기억하십시오. 우리의 절망에 대한 즉각적이고 절대적인 해결책을 찾아야 하는 것도 아님을 기억하십시오. 지금 당장 그저 작은 일 하나를 해보는 것, 그 행동이 힘을 줄 것입니다. 예를 들어, 무언가를 먹거나, 산책을 하거나, 친구와 이야기를 나누거나, 심지어 낮잠만 자도 상황이 조금은 다르게 보일 수 있습니다. 그렇게 하고 나면, 절망적으로 보이던 상황이 그렇게 절대적인 일은 아님을 알게 될 것입니다. 우리 생명이 하나님께 얼마나 귀중한지 느끼게 될 것입니다.

● 기도　　하나님, 제가 느끼는 절망을 아시지요. 더는 살 가치를 못 느끼겠습니다. 저 혼자서는 이 문제를 해결할 수 없습니다. 누구에게 이야기할지 알려 주시고, 자살 충동을 고백할 용기를 주소서. 제게는 아무 힘도 남아 있지 않습니다. 저를 도와주소서.

78

수줍음을 탑니다

말씀 | 출애굽기 4:1-12
1 모세가 대답하여 이르되 그러나 그들이 나를 믿지 아니하며 내 말을 듣지 아니하고 이르기를 여호와께서 네게 나타나지 아니하셨다 하리이다 2 여호와께서 그에게 이르시되 네 손에 있는 것이 무엇이냐 그가 이르되 지팡이니이다 3 여호와께서 이르시되 그것을 땅에 던지라 하시매 곧 땅에 던지니 그것이 뱀이 된지라 모세가 뱀 앞에서 피하매 4 여호와께서 모세에게 이르시되 네 손을 내밀어 그 꼬리를 잡으라 그가 손을 내밀어 그것을 잡으니 그의 손에서 지팡이가 된지라 5 이는 그들에게 그들의 조상의 하나님 곧 아브라함의 하나님, 이삭의 하나님, 야곱의 하나님 여호와가 네게 나타난 줄을 믿게 하려 함이라 하시고 6 여호와께서 또 그에게 이르시되 네 손을 품에 넣으라 하시매 그가 손을 품에 넣었다가 내어보니 그의 손에 나병이 생겨 눈같이 된지라 7 이르시되 네 손을 다시 품에 넣으라 하시매 그가 다시 손을 품에 넣었다가 내어보니 그의 손이 본래의 살로 되돌아왔더라 8 여호와께서 이르시되 만일 그들이 너를 믿지 아니하며 그 처음 표적의 표징을 받지 아니하여도 나중 표적의 표징은 믿으리라 9 그들이 이 두 이적을 믿지 아니하며 네 말을 듣지 아니하거든 너는 나일 강 물을 조금 떠다가 땅에 부으라 네가 떠온 나일 강 물이 땅에서 피가 되리라 10 모세가 여호와께 아뢰되 오 주여 나는 본래 말을 잘 하지 못하는 자니이다 주께서 주의 종에게 명령하신 후에도 역시 그러하니 나는 입이 뻣뻣하고 혀가 둔한 자니이다 11 여호와께서 그에게 이르시되 누가 사람의 입을 지었느냐 누가 말 못 하는 자나 못 듣는 자나 눈 밝은 자나 맹인이 되게 하였느냐 나 여호와가 아니냐 12 이제 가라 내가 네 입과 함께 있어서 할 말을 가르치리라

- **주제 말씀**   이제 가라 내가 네 입과 함께 있어서 할 말을 가르치리라(출애굽기 4:12).

- **생각 열기**
  - 수줍음 때문에 하나님의 일을 하는 데 방해가 됩니까?
  - 하나님이 당신을 사용하시기 위해 당신이 상상도 하지 못한 기적적인 방식으로 "지팡이"(2절)를 주신 적이 있습니까?

The 5-Minute Bible Study for Difficult Times

- **묵상**

    모세는 수줍음 때문에 하나님의 일을 하는 것을 주저했습니다. "주님, 제가 말을 잘하지 못하는 걸 아시잖아요. 저는 수줍음이 너무 많습니다. 늘 그랬습니다. 저는 원래 그런 사람입니다." 모세는 당연하다는 듯 하나님께 이렇게 말씀드렸습니다. 그는 자기를 지으신 하나님보다 자신이 더 자신의 한계와 능력을 잘 안다고 생각했던 것 같습니다.

    우리도 이런 실수를 자주 합니다. 수줍음이 하나님의 부르심에 응답할 수 없을 정도로 대처하기 어려운 장애물인 양 행동합니다. 우리는 이렇게 말합니다. "하나님, 죄송해요. 정말 순종하고 싶지만 할 수 없습니다. 저는 수줍음이 너무 많습니다."

    하나님이 (모세와 우리에게) 화내시는 것은 당연합니다. 하나님은 이렇게 말씀하십니다. "누가 너의 입을 만들었느냐? 네가 뭘 할 수 있는지 누가 나보다 더 잘 안단 말이냐? 네가 할 수 없는 일을 시킨다고 생각하느냐?"

- **기도**

    하나님, 수줍음이 제 길을 얼마나 가로막는지 아시지요. 하나님께 이 문제를 맡깁니다. 부끄럽든 말든, 하나님이 원하시는 곳으로 가겠습니다. 하나님이 원하시는 일을 하겠습니다. 하나님이 말하라 하시는 것을 말하겠습니다. 저를 변화시키시고 이 땅 위에 하나님 나라가 임하는 데 사용하소서.

79

누군가에게 서운합니다

말씀 | 마가복음 11:22-25, 현대인의성경

22 예수님이 제자들에게 이렇게 말씀하셨다. "하나님을 믿어라. 23 내가 분명히 말하지만 누구든지 이 산을 향해 '땅에서 들려 바다에 빠져라' 하며 마음속으로 의심하지 않고 자기가 말하는 것이 반드시 이루어질 것이라고 믿으면 그대로 될 것이다. 24 그러므로 내가 너희에게 말한다. 너희가 기도하고 구하는 것은 무엇이든지 받은 줄로 믿어라. 그러면 그대로 될 것이다. 25 너희가 서서 기도할 때 어떤 사람과 서로 마음 상한 일이 있거든 용서해 주어라. 그러면 하늘에 계신 너희 아버지께서도 너희 잘못을 용서해 주실 것이다.

● 주제 말씀

너희가 서서 기도할 때 어떤 사람과 서로 마음 상한 일이 있거든 용서해 주어라. 그러면 하늘에 계신 너희 아버지께서도 너희 잘못을 용서해 주실 것이다(마가복음 11:25, 현대인의성경).

● 생각 열기

- 서운함이 마음에 자리 잡도록 허용하면, 기도를 잘할 수 없게 된다는 것을 압니까? 그런 감정이 없을 때 느끼던 친밀감으로 하나님의 임재 앞에 나아갈 수 있겠습니까?

● 묵상

우리는 "주님, 이걸 도와주세요. 저걸 주세요. 이렇게 해주세요. 저렇게 해주세요."라고 기도합니다. 우리는 온 우주의 창조주께 이런저런 방향을 제시합니다. 그리고 하나님은 우리가 그분을 신뢰하며 우리의 간구를 아뢰는 것을 기뻐하십니다. 대부분의 경우 하나님은 우리 목소리를 듣는 것만으로도 기뻐하십니다.

하지만 예수님은 오늘 본문 말씀을 통해 기도하고 구하는 것은 받은 줄로 믿으라고 말씀하십니다. 그리고 기도할 때 어떤

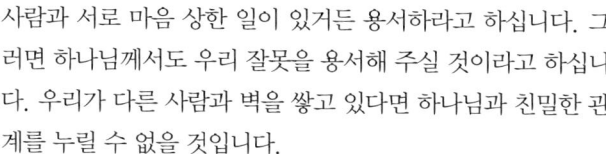

사람과 서로 마음 상한 일이 있거든 용서하라고 하십니다. 그러면 하나님께서도 우리 잘못을 용서해 주실 것이라고 하십니다. 우리가 다른 사람과 벽을 쌓고 있다면 하나님과 친밀한 관계를 누릴 수 없을 것입니다.

살면서 우리가 사람들에게 쌓는 제일 높은 벽 가운데 하나는 바로 서운함입니다. 이것은 용서하지 않으려는 마음에서 나옵니다. 이 마음은 결국 우리와 다른 사람들을 분리할 뿐 아니라 하나님과 우리 사이도 갈라놓을 것입니다. 지금 그 벽을 무너뜨릴 시간입니다!

● 기도

사랑의 주님, 제 마음에 있는 이 장벽을 무너뜨리소서. 서운한 마음보다는 용서하려는 마음을 품을 수 있도록 도와주소서.

80

건강한 경계를 세우는 법을 모르겠습니다

말씀 | 시편 16:1-8

1 하나님이여 나를 지켜 주소서 내가 주께 피하나이다 2 내가 여호와께 아뢰되 주는 나의 주님이시오니 주 밖에는 나의 복이 없다 하였나이다 3 땅에 있는 성도들은 존귀한 자들이니 나의 모든 즐거움이 그들에게 있도다 4 다른 신에게 예물을 드리는 자는 괴로움이 더할 것이라 나는 그들이 드리는 피의 전제를 드리지 아니하며 내 입술로 그 이름도 부르지 아니하리로다 5 여호와는 나의 산업과 나의 잔의 소득이시니 나의 분깃을 지키시나이다 6 내게 줄로 재어 준 구역은 아름다운 곳에 있음이여 나의 기업이 실로 아름답도다 7 나를 훈계하신 여호와를 송축할지라 밤마다 내 양심이 나를 교훈하도다 8 내가 여호와를 항상 내 앞에 모심이여 그가 나의 오른쪽에 계시므로 내가 흔들리지 아니하리로다

- **주제 말씀**   내게 줄로 재어 준 구역은 아름다운 곳에 있음이여 나의 기업이 실로 아름답도다(시편 16:6).

- **생각 열기**
  - 경계를 세우는 일(예를 들어, 다른 사람의 요구에 싫다고 말하는 것)이 불편하게 느껴진다면, 왜 그렇다고 생각합니까? 다른 사람이 원하는 것을 하지 않으면 죄책감이 듭니까?
  - 경계를 잘 세우지 못해서 불편했던 경험이 있습니까? 건강한 경계를 세우는 일이 어떻게 불필요한 고통으로부터 당신을 보호할 수 있는지 살펴보십시오.
  - 당신의 삶에서 하나님은 어느 영역에 경계를 세우라고 하시는 것 같습니까? 깊이 생각하며 기도해 보십시오.

- **묵상**   대부분의 사람이 경계를 세우는 일에 대해 어느 정도는 혼란스러운 마음을 갖고 있을 것입니다. 다른 사람을 위해 희생하

라는 그리스도의 명령을 다른 사람의 요구에 싫다고 말하면 안 되는 것으로 해석합니다. 다른 사람이 자신이 원하는 것을 얻기 위해 우리 시간과 에너지를 짓밟도록 하나님이 허용하신다고 생각하는 것 같습니다.

하지만 경계는 우리의 정서적인 건강, 영적인 건강, 심지어 육체적인 건강을 위해서라도 꼭 필요합니다. 경계가 있어야 위험으로부터 우리 자신을 지킬 수 있고, 우리가 가진 자원(하나님과의 관계를 포함해서) 또한 지킬 수 있습니다.

하나님의 인도하심으로 우리는 경계를 세우는 법을 배울 수 있습니다. 어디가 우리가 성장할 수 있는 즐거운 장소인지 규정해 주고, 우리는 그곳에서 안전과 쉼을 누리며 보호받을 수 있습니다. 그렇게 해야 하나님이 그 경계를 넘어 모험하라고 하실 때, 하나님이 주시는 힘과 자원으로 거뜬히 실천에 옮길 수 있습니다.

- **기도**　하나님, 하나님의 조언이 필요합니다. 제 마음의 소리를 들을 수 있도록 가르쳐 주소서. 언제 괜찮다고 하고 언제 싫다고 해야 할지 알려 주소서. 하나님과 함께할 수 있는 안전한 장소가 필요합니다.

81

도망치고 싶습니다

- **말씀 | 요나 1장**

  1 여호와의 말씀이 아밋대의 아들 요나에게 임하니라 이르시되 2 너는 일어나 저 큰 성읍 니느웨로 가서 그것을 향하여 외치라 그 악독이 내 앞에 상달되었음이니라 하시니라 3 그러나 요나가 여호와의 얼굴을 피하려고 일어나 다시스로 도망하려 하여 욥바로 내려갔더니 마침 다시스로 가는 배를 만난지라 여호와의 얼굴을 피하여 그들과 함께 다시스로 가려고 뱃삯을 주고 배에 올랐더라 4 여호와께서 큰 바람을 바다 위에 내리시매 바다 가운데에 큰 폭풍이 일어나 배가 거의 깨지게 된지라 … 7 그들이 서로 이르되, 자 우리가 제비를 뽑아 이 재앙이 누구로 말미암아 우리에게 임하였나 알아보자 하고 곧 제비를 뽑으니 제비가 요나에게 뽑힌지라 … 14 무리가 여호와께 부르짖어 이르되 여호와여 구하고 구하오니 이 사람의 생명 때문에 우리를 멸망시키지 마옵소서 무죄한 피를 우리에게 돌리지 마옵소서 주 여호와께서는 주의 뜻대로 행하심이니이다 하고 15 요나를 들어 바다에 던지매 바다가 뛰노는 것이 곧 그친지라 16 그 사람들이 여호와를 크게 두려워하여 여호와께 제물을 드리고 서원을 하였더라 17 여호와께서 이미 큰 물고기를 예비하사 요나를 삼키게 하셨으므로 요나가 밤낮 삼 일을 물고기 뱃속에 있으니라

- **주제 말씀**   그러나 요나가 여호와의 얼굴을 피하려고 일어나 다시스로 도망하려 하여 욥바로 내려갔더니 마침 다시스로 가는 배를 만난지라 여호와의 얼굴을 피하여 그들과 함께 다시스로 가려고 뱃삯을 주고 배에 올랐더라(요나 1:3).

- **생각 열기**
  - 왜 요나가 하나님을 피해 도망갔을까요? 그는 왜 니느웨로 가지 않으려고 했을까요?
  - 삶에서 도망치고 싶다면, 하나님께로부터 도망치고 싶은 마음일 수 있음을 생각해 보았습니까?

- **묵상**   때로는 도망치고 싶을 때가 있습니다. 예수님도 피하는 시간

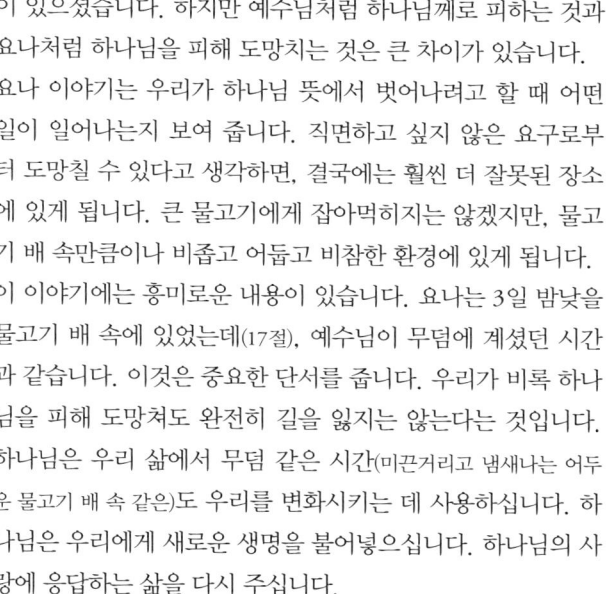

이 있으셨습니다. 하지만 예수님처럼 하나님께로 피하는 것과 요나처럼 하나님을 피해 도망치는 것은 큰 차이가 있습니다. 요나 이야기는 우리가 하나님 뜻에서 벗어나려고 할 때 어떤 일이 일어나는지 보여 줍니다. 직면하고 싶지 않은 요구로부터 도망칠 수 있다고 생각하면, 결국에는 훨씬 더 잘못된 장소에 있게 됩니다. 큰 물고기에게 잡아먹히지는 않겠지만, 물고기 배 속만큼이나 비좁고 어둡고 비참한 환경에 있게 됩니다. 이 이야기에는 흥미로운 내용이 있습니다. 요나는 3일 밤낮을 물고기 배 속에 있었는데(17절), 예수님이 무덤에 계셨던 시간과 같습니다. 이것은 중요한 단서를 줍니다. 우리가 비록 하나님을 피해 도망쳐도 완전히 길을 잃지는 않는다는 것입니다. 하나님은 우리 삶에서 무덤 같은 시간(미끈거리고 냄새나는 어두운 물고기 배 속 같은)도 우리를 변화시키는 데 사용하십니다. 하나님은 우리에게 새로운 생명을 불어넣으십니다. 하나님의 사랑에 응답하는 삶을 다시 주십니다.

● 기도

하나님, 도망치고 싶을 때면 요나의 일을 기억하게 하소서. 하나님께로부터 그렇게 도망치려고 할 때도 다시 기회를 주시니 감사합니다. 물고기를 보내 저를 삼키게 하시고, 하나님을 새롭게 섬기도록 저를 다시 돌려보내 주시니 감사합니다.

82

모든 게 말이 안 됩니다

말씀 | 누가복음 1:26-38

26 여섯째 달에 천사 가브리엘이 하나님의 보내심을 받아 갈릴리 나사렛이란 동네에 가서 27 다윗의 자손 요셉이라 하는 사람과 약혼한 처녀에게 이르니 그 처녀의 이름은 마리아라 28 그에게 들어가 이르되 은혜를 받은 자여 평안할지어다 주께서 너와 함께하시도다 하니 29 처녀가 그 말을 듣고 놀라 이런 인사가 어찌함인가 생각하매 30 천사가 이르되 마리아여 무서워하지 말라 네가 하나님께 은혜를 입었느니라 31 보라 네가 잉태하여 아들을 낳으리니 그 이름을 예수라 하라 32 그가 큰 자가 되고 지극히 높으신 이의 아들이라 일컬어질 것이요 주 하나님께서 그 조상 다윗의 왕위를 그에게 주시리니 33 영원히 야곱의 집을 왕으로 다스리실 것이며 그 나라가 무궁하리라 34 마리아가 천사에게 말하되 나는 남자를 알지 못하니 어찌 이 일이 있으리이까 35 천사가 대답하여 이르되 성령이 네게 임하시고 지극히 높으신 이의 능력이 너를 덮으시리니 이러므로 나실 바 거룩한 이는 하나님의 아들이라 일컬어지리라 36 보라 네 친족 엘리사벳도 늙어서 아들을 배었느니라 본래 임신하지 못한다고 알려진 이가 이미 여섯 달이 되었나니 37 대저 하나님의 모든 말씀은 능하지 못하심이 없느니라 38 마리아가 이르되 주의 여종이오니 말씀대로 내게 이루어지이다 하매 천사가 떠나가니라

● 주제 말씀   마리아가 이르되 주의 여종이오니 말씀대로 내게 이루어지이다(누가복음 1:38).

● 생각 열기
- 천사가 나타나 아직 처녀인 마리아에게 곧 아기를 낳을 거라고 했을 때, 마리아가 어떤 기분이었을지 상상이 됩니까? 당신에게 그런 일이 일어난다면 어떻게 반응하겠습니까? 마리아처럼 반응할 수 있겠습니까?
- 살면서 맞닥뜨리는 당혹스럽고 혼란스러운 상황 속에서, 하나님이 이런 사건들을 통해 신비한 방식으로 성령이 역사하시도록 하실 것을 상상할 수 있습니까? 성령이 역사하시도

The 5-Minute Bible Study for Difficult Times

록 한다는 것이 무슨 의미일까요? 그렇게 되도록 해보겠습니까?

- **묵상**   우리 삶에 일어나는 혼란스러운 일과 마리아가 당한 일을 비교하는 것은 부적절해 보일 수도 있습니다. 하지만 기억하십시오. 천사가 찾아왔을 때 마리아는 어린 소녀에 불과했습니다. 그녀는 그 이야기가 어떻게 끝날지, 그녀가 얼마나 중요한 역할을 하게 될지 전혀 알지 못했습니다. 그 당시 마리아는 엄청나게 당혹스러울 뿐이었습니다. 모든 것이 전혀 말이 되지 않았습니다.

  그런데 이 어린 십 대 소녀가 어떻게 반응했습니까? 하나님이 그녀의 삶에 무슨 일을 행하시든 철저히 순종했습니다!

- **기도**   주님, 주님이 제 삶에 무슨 일을 하시는지 잘 모르겠습니다. 모든 게 말이 되지 않습니다. 하지만 저는 주님의 종입니다. 제 삶에서 주님이 원하시는 것이 무엇이든 그 일을 이루소서.

83

머리 위에 구름이 낀 것처럼 우울합니다

말씀 | 시편 30편

1 여호와여 내가 주를 높일 것은 주께서 나를 끌어내사 내 원수로 하여금 나로 말미암아 기뻐하지 못하게 하심이니이다 2 여호와 내 하나님이여 내가 주께 부르짖으매 나를 고치셨나이다 3 여호와여 주께서 내 영혼을 스올에서 끌어내어 나를 살리사 무덤으로 내려가지 아니하게 하셨나이다 4 주의 성도들아 여호와를 찬송하며 그의 거룩함을 기억하며 감사하라 5 그의 노염은 잠깐이요 그의 은총은 평생이로다 저녁에는 울음이 깃들일지라도 아침에는 기쁨이 오리로다 6 내가 형통할 때에 말하기를 영원히 흔들리지 아니하리라 하였도다 7 여호와여 주의 은혜로 나를 산같이 굳게 세우셨더니 주의 얼굴을 가리시매 내가 근심하였나이다 8 여호와여 내가 주께 부르짖고 여호와께 간구하기를 9 내가 무덤에 내려갈 때에 나의 피가 무슨 유익이 있으리요 진토가 어떻게 주를 찬송하며 주의 진리를 선포하리이까 10 여호와여 들으시고 내게 은혜를 베푸소서 여호와여 나를 돕는 자가 되소서 하였나이다 11 주께서 나의 슬픔이 변하여 내게 춤이 되게 하시며 나의 베옷을 벗기고 기쁨으로 띠 띠우셨나이다 12 이는 잠잠하지 아니하고 내 영광으로 주를 찬송하게 하심이니 여호와 나의 하나님이여 내가 주께 영원히 감사하리이다

- **주제 말씀** 주께서 나의 슬픔이 변하여 내게 춤이 되게 하시며 나의 베옷을 벗기고 기쁨으로 띠 띠우셨나이다(시편 30:11).

- **생각 열기**
  - 머리 위에 구름이 낀 것처럼 우울합니까? 왜 그렇습니까?
  - 구름은 비를 가져오고 비는 새로운 생명을 자라게 한다는 것을 기억한다면, 이 구름을 좀 더 인내심 있게 참을 수 있겠습니까?
  - 이 구름이 오랫동안 머리 위에 머물러 있다면, 전문적인 도움을 구해야 합니다. 의사나 목회자, 상담가에게 말해 보십시오. 하나님은 이런 사람들을 통해 당신을 좀 더 행복하고

The 5-Minute Bible Study for Difficult Times

건강한 마음을 가진 사람으로 회복시키실 수 있습니다.

- **묵상** 우울감은 우리 삶 전체에 우울한 구름을 끼게 할 수 있습니다. 그러면 선명하게 보는 것(혹은 생각하는 것)이 어려울 수 있습니다. 하나님이 우리를 버리신 것같이 느껴지기도 합니다. 하나님이 화를 내신다고 생각할 수도 있습니다.
그러나 실상은 하나님이 어디로 가 버리신 게 아닙니다. 우리를 향한 그분의 사랑은 전혀 변하지 않습니다. 하나님은 우리를 구름 위로 들어 올리고 싶어 하십니다. 우리의 울음소리를 들으시고 우리를 돕기 위해 이미 행동하고 계십니다. 길고 어두운 밤에는 흐느낄 수 있지만, 아침 해가 떠오르면 새로운 기쁨이 찾아올 것입니다(5절).

- **기도** 주님, 제 기도를 들으시고 은혜를 베푸소서. 저를 도우소서. 제 슬픔을 기쁨의 춤으로 변화시켜 주소서. 슬픔의 옷을 벗기시고 기쁨의 옷을 입게 하셔서 주님을 찬양하게 하시고, 더 이상 침묵하지 않게 하소서. 주님이 저를 구원하셨으니 주님을 높이겠습니다. 주님께 도움을 구했더니 제 건강을 회복시켜 주셨습니다. 저를 무덤에서 끌어 올리셨습니다. 영원히 주님을 찬양하겠습니다(10-12, 1-3절 참조).

84

하나님이 제 기도를 들으시는지 잘 모르겠습니다

말씀 | 이사야 58:1-59:2

[58장] 1 크게 외치라 목소리를 아끼지 말라 네 목소리를 나팔같이 높여 내 백성에게 그들의 허물을, 야곱의 집에 그들의 죄를 알리라 2 그들이 날마다 나를 찾아 나의 길 알기를 즐거워함이 마치 공의를 행하여 그의 하나님의 규례를 저버리지 아니하는 나라 같아서 의로운 판단을 내게 구하며 하나님과 가까이하기를 즐거워하는도다 3 우리가 금식하되 어찌하여 주께서 보지 아니하시오며 우리가 마음을 괴롭게 하되 어찌하여 주께서 알아 주지 아니하시나이까 보라 너희가 금식하는 날에 오락을 구하며 온갖 일을 시키는도다 4 보라 너희가 금식하면서 논쟁하며 다투며 악한 주먹으로 치는도다 너희가 오늘 금식하는 것은 너희의 목소리를 상달하게 하려는 것이 아니니라 5 이것이 어찌 내가 기뻐하는 금식이 되겠으며 이것이 어찌 사람이 자기의 마음을 괴롭게 하는 날이 되겠느냐 그의 머리를 갈대같이 숙이고 굵은 베와 재를 펴는 것을 어찌 금식이라 하겠으며 여호와께 열납될 날이라 하겠느냐 6 내가 기뻐하는 금식은 흉악의 결박을 풀어 주며 멍에의 줄을 끌러 주며 압제당하는 자를 자유하게 하며 모든 멍에를 꺾는 것이 아니겠느냐 7 또 주린 자에게 네 양식을 나누어 주며 유리하는 빈민을 집에 들이며 헐벗은 자를 보면 입히며 또 네 골육을 피하여 스스로 숨지 아니하는 것이 아니겠느냐 8 그리하면 네 빛이 새벽같이 비칠 것이며 네 치유가 급속할 것이며 네 공의가 네 앞에 행하고 여호와의 영광이 네 뒤에 호위하리니 9 네가 부를 때에는 나 여호와가 응답하겠고 네가 부르짖을 때에는 내가 여기 있다 하리라 만일 네가 너희 중에서 멍에와 손가락질과 허망한 말을 제하여 버리고 10 주린 자에게 네 심정이 동하며 괴로워하는 자의 심정을 만족하게 하면 네 빛이 흑암 중에서 떠올라 네 어둠이 낮과 같이 될 것이며 … [59장] 1 여호와의 손이 짧아 구원하지 못하심도 아니요 귀가 둔하여 듣지 못하심도 아니라 2 오직 너희 죄악이 너희와 너희 하나님 사이를 갈라놓았고 너희 죄가 그의 얼굴을 가리어서 너희에게서 듣지 않으시게 함이니라

- 주제 말씀   여호와의 손이 짧아 구원하지 못하심도 아니요 귀가 둔하여 듣지 못하심도 아니라(이사야 59:1).

- 생각 열기   • 무엇이 하나님과 그 백성 사이를 갈라놓고 있습니까?

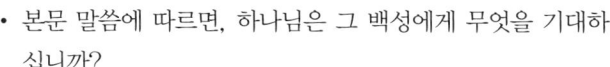

- 본문 말씀에 따르면, 하나님은 그 백성에게 무엇을 기대하십니까?

● 묵상 하나님의 백성은 하나님이 그들의 기도를 듣지 않으신다고 생각했습니다. 그들은 교회에 가고, 기도하고, 모든 규칙을 따르기에, 자신들이 하나님이 원하시는 방식대로 산다고 믿었습니다. 하지만 그들은 불의가 그들 가운데 머물도록 허락하고 있었습니다.

그들을 향한 하나님의 메시지는 분명합니다. "나는 너희가 얼마나 자주 교회에 가는지 신경 쓰지 않는다. 내가 정말로 원하는 일은 너희가 부당하게 감옥에 갇힌 자를 풀어 주는 것이다. 너희를 위해 일하는 자들의 짐을 가볍게 해주어라. 갇힌 자를 풀어 주고 사람들을 묶고 있는 쇠사슬을 풀어 주어라. 배고픈 자들과 음식을 나누고, 집 없는 자들에게 피난처를 제공해라. 옷이 필요한 자들에게 나누어 주고, 도움이 필요한 친척을 피하지 마라. 그것이 내가 너희에게 원하는 것이다!"(사 58:6-10)

● 기도 하나님, 언제나 제 기도를 들으시니 감사합니다. 하나님의 말씀을 더 잘 듣게 하소서. 도움이 필요한 사람들을 돕게 하소서. 그러면서 실질적으로 하나님을 섬길 수 있는 법을 알게 하소서.

85

이 나쁜 습관을 끊을 수가 없습니다

말씀 | 로마서 7:19-25

19 내가 원하는 바 선은 행하지 아니하고 도리어 원하지 아니하는 바 악을 행하는도다 20 만일 내가 원하지 아니하는 그것을 하면 이를 행하는 자는 내가 아니요 내 속에 거하는 죄니라 21 그러므로 내가 한 법을 깨달았노니 곧 선을 행하기 원하는 나에게 악이 함께 있는 것이로다 22 내 속사람으로는 하나님의 법을 즐거워하되 23 내 지체 속에서 한 다른 법이 내 마음의 법과 싸워 내 지체 속에 있는 죄의 법으로 나를 사로잡는 것을 보는도다 24 오호라 나는 곤고한 사람이로다 이 사망의 몸에서 누가 나를 건져내랴 25 우리 주 예수 그리스도로 말미암아 하나님께 감사하리로다 그런즉 내 자신이 마음으로는 하나님의 법을 육신으로는 죄의 법을 섬기노라

- **주제 말씀**   내가 원하는 바 선은 행하지 아니하고 도리어 원하지 아니하는 바 악을 행하는도다(로마서 7:19).

- **생각 열기**
  - 이 나쁜 습관이 어떻게 시작되었습니까? 그것이 당신에게 즐거움을 준다고 생각했습니까?
  - 지금은 이 습관이 강제로 질 수밖에 없는 사망의 몸처럼 보입니까?(24절)
  - 이 습관 때문에 당신이 살고 싶은 방식대로 살지 못합니까?
  - 이 습관이 정말로 파괴적이라면(예를 들어, 마약 복용이나 자신 또는 타인을 다치게 하는 습관) 다른 사람들의 도움을 받을 필요가 있습니다. 전문적인 도움을 받을 수 있도록 인도해 달라고 하나님께 구하십시오.

- **묵상**   오늘 본문 말씀에서 바울이 토로하는 감정을 우리도 다 느껴 보지 않았습니까? 어떤 행동을 아무리 하지 않으려고 애써도

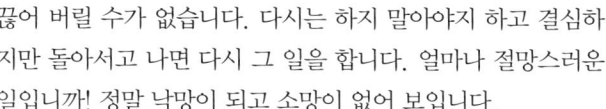

끊어 버릴 수가 없습니다. 다시는 하지 말아야지 하고 결심하지만 돌아서고 나면 다시 그 일을 합니다. 얼마나 절망스러운 일입니까! 정말 낙망이 되고 소망이 없어 보입니다.

우리 힘으로는 이 습관을 끊어 버리지 못할 것 같습니다. 하지만 하나님은 그런 우리를 정죄하지 않으십니다. 우리 스스로 그 습관을 끊어 버릴 수 없음을 인정하고 그것을 하나님께 내어드리면 하나님은 기뻐하실 것입니다. 그리고 잠잠히 신뢰할 때, 하나님은 우리가 상상도 하지 못했던 환경을 만드셔서 우리가 감히 할 수 없던 그 일을 하게 하실 것입니다. 우리는 결국 그 습관에서 자유로워질 것입니다.

● 기도 주님, 이 나쁜 습관에서 저를 구원해 주소서. 무엇을 어떻게 해야 할지 알려 주소서. 제가 제 행동을 통제할 능력이 없어도 저를 향한 주님의 사랑은 절대 퇴색되지 않음을 기억하게 하소서.

86

부끄럽습니다

말씀 | 디모데후서 2:14-19

14 너는 그들로 이 일을 기억하게 하여 말다툼을 하지 말라고 하나님 앞에서 엄히 명하라 이는 유익이 하나도 없고 도리어 듣는 자들을 망하게 함이라 15 너는 진리의 말씀을 옳게 분별하며 부끄러울 것이 없는 일꾼으로 인정된 자로 자신을 하나님 앞에 드리기를 힘쓰라 16 망령되고 헛된 말을 버리라 그들은 경건하지 아니함에 점점 나아가나니 17 그들의 말은 악성 종양이 퍼져나감과 같은데 그 중에 후메내오와 빌레도가 있느니라 18 진리에 관하여는 그들이 그릇되었도다 부활이 이미 지나갔다 함으로 어떤 사람들의 믿음을 무너뜨리느니라 19 그러나 하나님의 견고한 터는 섰으니 인침이 있어 일렀으되 주께서 자기 백성을 아신다 하며 또 주의 이름을 부르는 자마다 불의에서 떠날지어다 하였느니라

- **주제 말씀** 너는 진리의 말씀을 옳게 분별하며 부끄러울 것이 없는 일꾼으로 인정된 자로 자신을 하나님 앞에 드리기를 힘쓰라(디모데후서 2:15).

- **생각 열기**
  - 무엇 때문에 부끄럽습니까? 자존심 때문입니까? 다른 사람들에게 바보 같아 보이는 것이 두렵습니까? 아니면 어떤 다른 이유가 있습니까?
  - 하나님이 당신을 부끄러워하신다고 생각합니까? 그렇지 않다면, 그 사실이 부끄러움을 덜 느끼는 데 도움이 됩니까?

- **묵상** 부끄러움은 불쾌한 감정으로 쥐구멍이라도 있으면 숨고 싶게 만듭니다. 원래 이 단어는 '길을 막는 어떤 것, 지연시키거나 가로막거나 방해해서 앞으로 나가지 못하게 만드는 것'이라는 의미가 있습니다. 이런 의미에서 부끄러움은 우리가 하나님을

The 5-Minute Bible Study for Difficult Times

섬기지 못하도록 막아서는 감정임을 알 수 있습니다.

오늘 본문 말씀은 우리를 부끄럽게 하는 행동들을 말해 줍니다. 어리석은 논쟁이나 타인과 자신을 세우지 못하는 허탄한 수다, 거짓말과 속이는 말 등이 그것입니다. 우리의 말은 세우기도 하고 파괴하기도 하는 능력이 있습니다. 오늘 말씀은 그 말을 신중하게 사용하라고 권고합니다.

다른 사람 눈에 바보처럼 보일지도 모른다는 당혹감은 잘못된 수치심입니다. 하나님은 전혀 신경 쓰지 않으십니다! 우리가 성실하게 하나님을 기쁘시게 하고 그분의 일을 행한다면, 다른 사람이 우리를 어떻게 생각하는지 신경 쓸 이유가 없습니다.

● **기도**

하나님, 다른 사람이 저를 어떻게 생각하는지 신경 쓰지 않게 도와주소서. 하나님이 저를 어떻게 생각하시는지를 더 신경 쓰게 하소서. 하나님을 섬기면서 말을 조심해서 사용하도록 늘 일깨워 주소서.

87

포기하고 싶습니다

말씀 | 요한복음 16장

1 내가 이것을 너희에게 이름은 너희로 실족하지 않게 하려 함이니 2 사람들이 너희를 출교할 뿐 아니라 때가 이르면 무릇 너희를 죽이는 자가 생각하기를 이것이 하나님을 섬기는 일이라 하리라 3 그들이 이런 일을 할 것은 아버지와 나를 알지 못함이라 4 오직 너희에게 이 말을 한 것은 너희로 그때를 당하면 내가 너희에게 말한 이것을 기억나게 하려 함이요 처음부터 이 말을 하지 아니한 것은 내가 너희와 함께 있었음이라 … 16 조금 있으면 너희가 나를 보지 못하겠고 또 조금 있으면 나를 보리라 하시니 … 22 지금은 너희가 근심하나 내가 다시 너희를 보리니 너희 마음이 기쁠 것이요 너희 기쁨을 빼앗을 자가 없으리라 … 28 내가 아버지에게서 나와 세상에 왔고 다시 세상을 떠나 아버지께로 가노라 하시니 29 제자들이 말하되 지금은 밝히 말씀하시고 아무 비유로도 하지 아니하시니 30 우리가 지금에야 주께서 모든 것을 아시고 또 사람의 물음을 기다리시지 않는 줄 아나이다 이로써 하나님께로부터 나오심을 우리가 믿사옵나이다 31 예수께서 대답하시되 이제는 너희가 믿느냐 32 보라 너희가 다 각각 제 곳으로 흩어지고 나를 혼자 둘 때가 오나니 벌써 왔도다 그러나 내가 혼자 있는 것이 아니라 아버지께서 나와 함께 계시느니라 33 이것을 너희에게 이르는 것은 너희로 내 안에서 평안을 누리게 하려 함이라 세상에서는 너희가 환난을 당하나 담대하라 내가 세상을 이기었노라

● 주제 말씀   이것을 너희에게 이르는 것은 너희로 내 안에서 평안을 누리게 하려 함이라 세상에서는 너희가 환난을 당하나 담대하라 내가 세상을 이기었노라(요한복음 16:33).

● 생각 열기
- 삶의 어떤 환경이 포기하고 싶게 만듭니까?
- '포기하는 것'과 '내려놓는 것'을 비교해 보십시오. 어떤 차이가 있습니까? 포기는 왜 실패를 함축합니까? 하나님은 왜 그분께 모든 것을 내려놓으라고 하실까요?

The 5-Minute Bible Study for Difficult Times

● 묵상   예수님이 이 세상을 떠나려 하신다는 사실을 알았을 때, 예수님을 따르던 자들은 어떤 심정이었을까요? 아마 많이 낙심되었을 것입니다. 그리고 앞으로 그들이 감당하게 될 모든 일을 상상도 할 수 없었을 것입니다. 예수님은 그들이 때로는 포기하고 싶은 마음이 들 것을 아셨습니다. 그래서 그들에게 고난이 닥치기 전에 먼저 그들을 잘 준비시켜서 실족하지 않게(1절) 하고자 하셨습니다.

예수님은 그 제자들에게 하셨던 약속을 오늘 우리에게도 하십니다. 삶의 어떤 어려움 속에서도 그분의 평안을 누리게 될 것이라고 분명히 약속하십니다. 예수님은 말씀하십니다. "용기를 내라. 포기하지 마라. 내가 너의 모든 문제를 이미 다 극복했다. 그저 기다리며 내가 행할 일을 보아라."

● 기도   예수님, 오늘 예수님의 평화를 누리게 하소서. 계속 나아갈 수 있도록 용기를 주소서. 모든 두려움과 걱정을 예수님께 맡깁니다. 절대 포기하지 않을 힘을 주소서.

88

생각을 통제할 수가 없습니다

말씀 | 로마서 8:5-14

5 육신을 따르는 자는 육신의 일을, 영을 따르는 자는 영의 일을 생각하나니 6 육신의 생각은 사망이요 영의 생각은 생명과 평안이니라 7 육신의 생각은 하나님과 원수가 되나니 이는 하나님의 법에 굴복하지 아니할 뿐 아니라 할 수도 없음이라 8 육신에 있는 자들은 하나님을 기쁘시게 할 수 없느니라 9 만일 너희 속에 하나님의 영이 거하시면 너희가 육신에 있지 아니하고 영에 있나니 누구든지 그리스도의 영이 없으면 그리스도의 사람이 아니라 10 또 그리스도께서 너희 안에 계시면 몸은 죄로 말미암아 죽은 것이나 영은 의로 말미암아 살아 있는 것이니라 11 예수를 죽은 자 가운데서 살리신 이의 영이 너희 안에 거하시면 그리스도 예수를 죽은 자 가운데서 살리신 이가 너희 안에 거하시는 그의 영으로 말미암아 너희 죽을 몸도 살리시리라 12 그러므로 형제들아 우리가 빚진 자로되 육신에게 져서 육신대로 살 것이 아니니라 13 너희가 육신대로 살면 반드시 죽을 것이로되 영으로써 몸의 행실을 죽이면 살리니 14 무릇 하나님의 영으로 인도함을 받는 사람은 곧 하나님의 아들이라

- **주제 말씀** 육신을 따르는 자는 육신의 일을, 영을 따르는 자는 영의 일을 생각하나니(로마서 8:5).

- **생각 열기**
  - 어떤 생각이 당신을 가장 괴롭힙니까? 걱정입니까? 성적인 생각입니까? 분함이나 질투, 시기입니까? 아니면 다른 어떤 것입니까? 하나님과 당신의 관계를 방해하는 생각이 무엇인지 알아야 하나님이 당신에게서 그 생각을 거두어 가시도록 할 수 있습니다.
  - 걷잡을 수 없는 생각 속에서 이기심이 어떤 역할을 한다고 생각합니까? 그 생각을 정말 포기하고 싶습니까? 아니면 한편으로 은근히 즐기지는 않습니까?

- 묵상

생각은 파괴적인 힘을 갖고 있습니다. 속으로 하는 생각을 행동으로만 옮기지 않으면 아무도 해를 입지 않는다고 생각할 수도 있습니다. 그러나 오늘 성경 말씀은 이기심과 죄가 우리 마음을 통제하도록 허용하면 죽음을 향해 난 길로 치닫게 된다고 경고합니다. 하나님의 사랑의 영은 이와는 반대 방향인 생명과 평안(6절)으로 우리를 인도합니다.

이기심은 우리 삶을 향한 하나님의 권리를 인정하지 않습니다. 우리 삶을 향한 하나님의 목적에 적대적입니다(7절). 이기심은 우리가 가장 원하는 것을 가져다줄 것처럼 보이지만, 실상은 우리 마음이 진실로 원하는 것(하나님을 사랑하고, 사람들과 우정을 맺는 것)을 모두 앗아 갑니다.

그러므로 우리는 우리 생각에 집중해야 합니다. 우리 생각이 우리를 하나님께로부터 멀어지게 한다면, 의식적으로 그 생각을 멀리해야 합니다. 우리 마음에서 온갖 쓰레기를 치워 버리면 성령께서 그곳에 거하실 공간을 갖게 되실 것입니다.

- 기도

예수님을 죽은 자 가운데서 살리신 하나님의 영이시여, 제 안에서 역사하시길 기도합니다. 제 안에서 죄악 되고 이기적인 생각들을 다 멸하소서. 제 모든 생각이 저를 하나님께로 더 가까이 이끌게 하소서.

89

결혼 생활이 힘들어서 두렵습니다

말씀 | 베드로전서 3:8-11

8 마지막으로 말하노니 너희가 다 마음을 같이하여 동정하며 형제를 사랑하며 불쌍히 여기며 겸손하며 9 악을 악으로, 욕을 욕으로 갚지 말고 도리어 복을 빌라 이를 위하여 너희가 부르심을 받았으니 이는 복을 이어받게 하려 하심이라 10 그러므로 생명을 사랑하고 좋은 날 보기를 원하는 자는 혀를 금하여 악한 말을 그치며 그 입술로 거짓을 말하지 말고 11 악에서 떠나 선을 행하고 화평을 구하며 그것을 따르라

- **주제 말씀**   마지막으로 말하노니 너희가 다 마음을 같이하여 동정하며 형제를 사랑하며 불쌍히 여기며 겸손하며(베드로전서 3:8).

- **생각 열기**
  - 어떤 면에서 당신의 결혼 생활이 건강하지 못하다고 생각합니까? 배우자의 행동입니까? 아니면 감정이 상하는 일이 있습니까?
  - "마음을 같이한다"는 것이 무슨 의미라고 생각합니까? 한마음이 되는 것을 결혼 생활에서 어떻게 실제로 경험할 수 있을까요?
  - 그리스도 안에서 배우자를 형제자매로 사랑하는 것(성적인 관계는 손상되지 않는 상태에서)에 대해 생각해 본 적이 있습니까? 그런 태도가 당신의 결혼 생활을 어떻게 바꿀 수 있을 것 같습니까?

- **묵상**   결혼 생활에는 조화와 행복의 시기도 있지만, 갈등과 고통의 시간도 끼어들기 마련입니다. 그래도 소망이 있는 것은, 행복

The 5-Minute Bible Study for Difficult Times

의 시간이 고통의 시간보다 더 길다는 것입니다. 하지만 배우자를 아무리 많이 사랑해도 두 사람이 함께 사는 일은 결코 쉽지 않을 것입니다! 당신의 이기심이 상대의 이기심을 긁어 댈 것이고, 그러면 두 사람 모두 고통스러울 것입니다. 두 사람이 똑같은 속도로 성숙해지는 것이 아니기 때문에, 어느 한 사람이 뒤처진다고 느낄 때도 있을 것입니다. 또한 환경이 변하면 새로운 도전에 직면하게 될 것입니다.

하지만 이 모든 일이 결혼 생활에 위협이 되는 것은 아닙니다. 오늘 성경 말씀은 건강한 결혼 생활을 위한 좋은 조언을 들려줍니다. 다른 방향으로 달려가지 말라는 것입니다. 성경은 서로 공감해 주라고 말합니다. 겸손히 부드러운 마음으로 대하라고 말합니다. 서로 모욕하지 말라고 말합니다. 마지막으로 평화를 열심히 구하라고 말합니다. 그리고 그것을 유지하는 데 필요한 일을 하라고 말합니다.

● **기도**   사랑의 하나님, 제 결혼 생활을 축복해 주시고 강건하게 해주소서. 망가진 부분들을 고쳐 주소서. 서로 상처 주지 않도록 지켜 주소서. 서로에게 그리고 하나님께 확고하게 헌신하도록 지켜 주소서.

90

어느 길로 가야 할지 모르겠습니다

말씀 | 시편 25편

1 여호와여 나의 영혼이 주를 우러러보나이다 2 나의 하나님이여 내가 주께 의지하였사오니 나를 부끄럽지 않게 하시고 나의 원수들이 나를 이겨 개가를 부르지 못하게 하소서 3 주를 바라는 자들은 수치를 당하지 아니하려니와 까닭 없이 속이는 자들은 수치를 당하리이다 4 여호와여 주의 도를 내게 보이시고 주의 길을 내게 가르치소서 5 주의 진리로 나를 지도하시고 교훈하소서 주는 내 구원의 하나님이시니 내가 종일 주를 기다리나이다 … 10 여호와의 모든 길은 그의 언약과 증거를 지키는 자에게 인자와 진리로다 11 여호와여 나의 죄악이 크오니 주의 이름으로 말미암아 사하소서 12 여호와를 경외하는 자 누구냐 그가 택할 길을 그에게 가르치시리로다 … 20 내 영혼을 지켜 나를 구원하소서 내가 주께 피하오니 수치를 당하지 않게 하소서 21 내가 주를 바라오니 성실과 정직으로 나를 보호하소서 22 하나님이여 이스라엘을 그 모든 환난에서 속량하소서

- **주제 말씀**   여호와여 주의 도를 내게 보이시고 주의 길을 내게 가르치소서 주의 진리로 나를 지도하시고 교훈하소서 주는 내 구원의 하나님이시니 내가 종일 주를 기다리나이다(시편 25:4-5).

- **생각 열기**
  - 삶의 어떤 영역에서 하나님의 인도하심이 필요합니까?
  - 당신이 어느 길로 가야 할지 하나님이 어떤 방식으로 보여 주시길 기대합니까? 하나님은 직접적인 방법(소리를 내어 말씀하신다든지, 글로 써 보이신다든지)으로 메시지를 주지는 않으실 것입니다. 그렇다면 하나님이 인도하시는 방향을 어떻게 식별할 수 있을까요?

- **묵상**   우리가 만나는 다양한 어려운 상황 속에서 성경은 반복해서 같은 대답을 제시합니다. 하나님을 신뢰하십시오. 그분만을

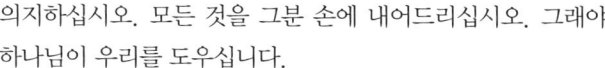

의지하십시오. 모든 것을 그분 손에 내어드리십시오. 그래야 하나님이 우리를 도우십니다.

하나님은 언제나 우리를 돕고 싶어 하십니다. 하나님은 그분의 사랑을 보여 줄 기회를 찾고 계십니다. 하나님은 건강하고 치유되고 행복할 수 있는 길로 우리를 인도하고 싶어 하십니다. 우리가 주권을 내어드릴 때, 하나님은 정확히 그렇게 행하십니다.

가야 할 길을 보여 달라고 간청하면서도 우리는 때로 하나님의 응답을 듣고 싶어 하지 않습니다. 마음 깊은 곳에서 이미 우리가 원하는 길을 정해 놓은 것입니다. 그래서 하나님이 다른 길로 우리를 보내실까 두려워합니다. 하나님은 우리에게 가장 좋은 것만을 주고 싶어 하신다는 것을 기억해야 합니다. 하나님은 모든 사람을 성실과 사랑으로 인도하십니다(10절).

아무리 하나님을 거역하며 그분의 길보다는 우리 길을 가려고 했어도, 우리가 해야 할 일은 오직 그분의 용서를 구하는 것입니다. 우리를 향한 하나님의 사랑과 자비는 무한하십니다.

● 기도 하나님, 제가 어디로 가기를 원하시는지 알려 주소서. 하나님께로 가까이 인도하소서. 제 삶을 지키시고 구원해 주소서. 하나님께로 피하오니 수치를 당하지 않게 하소서(20절).

91

하나님을 신뢰하기가 두렵습니다

말씀 | 요한일서 4:13-21

13 그의 성령을 우리에게 주시므로 우리가 그 안에 거하고 그가 우리 안에 거하시는 줄을 아느니라 14 아버지가 아들을 세상의 구주로 보내신 것을 우리가 보았고 또 증언하노니 15 누구든지 예수를 하나님의 아들이라 시인하면 하나님이 그의 안에 거하시고 그도 하나님 안에 거하느니라 16 하나님이 우리를 사랑하시는 사랑을 우리가 알고 믿었노니 하나님은 사랑이시라 사랑 안에 거하는 자는 하나님 안에 거하고 하나님도 그의 안에 거하시느니라 17 이로써 사랑이 우리에게 온전히 이루어진 것은 우리로 심판 날에 담대함을 가지게 하려 함이니 주께서 그러하심과 같이 우리도 이 세상에서 그러하니라 18 사랑 안에 두려움이 없고 온전한 사랑이 두려움을 내쫓나니 두려움에는 형벌이 있음이라 두려워하는 자는 사랑 안에서 온전히 이루지 못하였느니라 19 우리가 사랑함은 그가 먼저 우리를 사랑하셨음이라 20 누구든지 하나님을 사랑하노라 하고 그 형제를 미워하면 이는 거짓말하는 자니 보는 바 그 형제를 사랑하지 아니하는 자는 보지 못하는 바 하나님을 사랑할 수 없느니라 21 우리가 이 계명을 주께 받았나니 하나님을 사랑하는 자는 또한 그 형제를 사랑할지니라

- 주제 말씀   사랑 안에 두려움이 없고 온전한 사랑이 두려움을 내쫓나니 두려움에는 형벌이 있음이라 두려워하는 자는 사랑 안에서 온전히 이루지 못하였느니라(요한일서 4:18).

- 생각 열기
  - 사랑과 신뢰는 어떤 연관이 있습니까?
  - 하나님이 두렵습니까? 하나님이 당신을 있는 그대로 사랑하신다는 사실을 믿지 못하는 것은 아닌지 자신을 돌아보십시오.
  - 오늘 본문 말씀을 보면, 하나님에 대한 사랑과 이웃 사랑은 어떤 관계가 있습니까?

The 5-Minute Bible Study for Difficult Times

● 묵상   요한일서에 집약된 메시지는 이것입니다. '하나님을 신뢰하면 인생에서 어려운 시기를 만날 때 용기와 힘을 얻는다.' 그런데 우리가 신뢰하기를 두려워한다면 어떻게 되겠습니까?
신뢰는 어떤 면에서 의지의 행동입니다. 순간순간 모든 일을 하나님께 맡기기로 하는 것입니다. 하지만 하나님은 우리가 하나님께 가까이 갈 때마다 용기를 쥐어짜며 이를 악물고 나오길 원하지 않으십니다. 하나님이 우리에게 정말로 원하시는 것은 바로 친밀한 사랑의 관계입니다. 신뢰는 상호 간의 친밀한 관계 속에서 자연스럽게 나오기 마련입니다.
우리가 어떻게 보이지도 않고 만질 수도 없는 하나님과 그런 관계를 맺을 수 있을까요? 요한은 17절에서 그 방법을 말해 줍니다. "주께서 그러하심과 같이 우리도 이 세상에서 그러하니라." 우리가 예수님처럼 행동하면, 즉 우리가 만나는 모든 사람에게 사랑을 보여 주면 우리 스스로 하나님의 사랑을 확신하게 되어 모든 두려움을 잊게 된다는 것입니다.

● 기도   주님, 두려움을 떨쳐 버리고 이웃에게 눈을 돌려 그들을 섬기게 하소서. 주님을 더욱 신뢰하게 하소서. 그래서 주님과 새로운 관계를 맺게 하소서. 저를 주님께로 더욱 가까이 인도하셔서 두려움이 틈타지 못하게 하소서.

92

하나님의 사랑을 확신하고 싶습니다

말씀 | 로마서 5:6-11

6 우리가 아직 연약할 때에 기약대로 그리스도께서 경건하지 않은 자를 위하여 죽으셨도다 7 의인을 위하여 죽는 자가 쉽지 않고 선인을 위하여 용감히 죽는 자가 혹 있거니와 8 우리가 아직 죄인 되었을 때에 그리스도께서 우리를 위하여 죽으심으로 하나님께서 우리에 대한 자기의 사랑을 확증하셨느니라 9 그러면 이제 우리가 그의 피로 말미암아 의롭다 하심을 받았으니 더욱 그로 말미암아 진노하심에서 구원을 받을 것이니 10 곧 우리가 원수 되었을 때에 그의 아들의 죽으심으로 말미암아 하나님과 화목하게 되었은즉 화목하게 된 자로서는 더욱 그의 살아나심으로 말미암아 구원을 받을 것이니라 11 그뿐 아니라 이제 우리로 화목하게 하신 우리 주 예수 그리스도로 말미암아 하나님 안에서 또한 즐거워하느니라

- **주제 말씀**   우리가 아직 죄인 되었을 때에 그리스도께서 우리를 위하여 죽으심으로 하나님께서 우리에 대한 자기의 사랑을 확증하셨느니라(로마서 5:8).

- **생각 열기**
  • 무조건적인 사랑이 가능하다는 것을 믿지 못하게 만든 일이 있었습니까?
  • 사람과의 사랑이 하나님의 사랑을 아는 데 방해가 됩니까? 어떻게 해야 하나님을 더 잘 알 수 있을까요? 하나님의 사랑을 좀 더 충만히 믿으려면 어떻게 해야 할까요?

- **묵상**   하나님은 우리가 가진 모든 것과 우리 존재 전부를 그분 손에 맡기라고 하십니다. 하나님은 우리에게 받으신 것을 떨어뜨리지 않으십니다. 하나님은 우리에게 해를 주시거나 우리가 불행하기를 원하시는 분이 아닙니다. 이 사실을 의심한다면 전

적인 신뢰의 행위는 거의 불가능합니다. 하나님의 사랑은 인간의 사랑과 다릅니다. 하나님은 오직 우리의 유익만을 원하십니다. 하나님의 사랑에는 이기심이 없습니다.

더욱이, 오늘 성경 말씀에서 알 수 있듯 하나님의 사랑은 상호적입니다. 하나님은 우리 온 삶을 그분께 맡기라고 하실 때, 이미 그분 자신을 완전히 우리에게 주셨습니다. 예수 그리스도와 성령님을 통해서 말입니다. 우리는 하나님께 모든 것을 맡길 수 있습니다. 그분 안에서 안심할 수 있습니다. 그분의 사랑은 우리를 위축시키거나 수치를 주거나 상처를 주지 않습니다. 예수님과 성령님을 통해 우리는 하나님과 새로운 관계를 맺을 수 있습니다. 그 관계는 무조건적인 사랑과 친밀감 위에 세워진 관계입니다.

- **기도** 사랑하는 하나님, 하나님이 저를 얼마나 사랑하시는지 감히 다 알 수 없습니다. 하지만 그래도 감사합니다. 하나님의 아들을 이 세상에 보내 주셨으니까요. 예수님을 통해 성령님이 주시는 생명을 경험할 수 있었습니다. 가장 친밀하고 가장 신뢰할 수 있는 친구가 되어 주셔서 감사합니다.

사명선언문

너희가 흠이 없고 순전하여……세상에서 그들 가운데 빛들로
나타내며 생명의 말씀을 밝혀 _ 빌 2:15-16

1. 생명을 담겠습니다
만드는 책에 주님 주신 생명을 담겠습니다.
그 책으로 복음을 선포하겠습니다.

2. 말씀을 밝히겠습니다
생명의 근본은 말씀입니다.
말씀을 밝혀 성도와 교회의 성장을 돕겠습니다.

3. 빛이 되겠습니다
시대와 영혼의 어두움을 밝혀 주님 앞으로 이끄는
빛이 되는 책을 만들겠습니다.

4. 순전히 행하겠습니다
책을 만들고 전하는 일과 경영하는 일에 부끄러움이 없는
정직함으로 행하겠습니다.

5. 끝까지 전파하겠습니다
모든 사람에게, 땅 끝까지, 주님 오시는 그날까지
복음을 전하는 사명을 다하겠습니다.

서점 안내

광화문점	서울시 종로구 새문안로 69 구세군회관 1층 02)737-2288 / 02)737-4623(F)
강남점	서울시 서초구 신반포로 177 반포쇼핑타운 3동 2층 02)595-1211 / 02)595-3549(F)
구로점	서울시 동작구 시흥대로 602, 3층 302호 02)858-8744 / 02)838-0653(F)
노원점	서울시 노원구 동일로 1366 삼봉빌딩 지하 1층 02)938-7979 / 02)3391-6169(F)
일산점	경기도 고양시 일산서구 중앙로 1391 레이크타운 지하 1층 031)916-8787 / 031)916-8788(F)
의정부점	경기도 의정부시 청사로47번길 12 성산타워 3층 031)845-0600 / 031)852-6930(F)
인터넷서점	www.lifebook.co.kr